小学校国語授業
思考ツール活用大全

林 康宏
［著］

明治図書

はじめに

課題に対して、一人ひとりの子が、自分なりの解決方法をもち、解決に向けて挑戦する。それぞれが考えを持ち寄り、検討し、より質の高い考えを創造し、お互いの考え方に学び合う。

授業を行うとき、子どもたちの以上のような姿を願います。

ところが、現実には、次のようになります。

課題に対してぐいぐい思考を働かせ、自分の考えを組み立てていく子どもはクラスの中でごく少数。

個人追究の後、協働学習を行うと、個人追究では自分の考えをもつことができなかった、あるいは、考えはノートに書いたけれどとりあえず思いついたことを書いてみたといった多くの子が、自分の考えをもっている子に寄りかかっていく。結局、学習形態を集団にしたところで考えの質は高まらない。

これらの状況が起きる原因は何でしょうか。

大きな原因の1つは、一人ひとりの子どもが、課題解決に必要な考え方を持ち合わせていないことです。どのように考えたら課題を解決できそうかという見通しなくしては、課題を解決することは困難です。

そこで本書では、課題解決のための思考ツールを40例提示しました。それと共に、小学校国語の授業での具体的な活用例も紹介しています。

考え方は、図式化することで、どのように考えたらよいかというイメージを具体的に描くことができます。課題解決に適した思考ツールを獲得させることにより、当該の課題の解決が図られ、次に同様の課題に直面したときには自ら使うことができるようになります。

本書を活用し、多くの思考ツールを持ち合わせた子どもが、課題に合わせてツールを選択して使い、交流し合い、互いの学習の質を高め合う国語の学びにつながることを願っています。

2023年5月

小林康宏

もくじ
Contents

第2章 国語授業で使える40の思考ツールとその活用法

第3章 40の思考ツールを活用した授業実践例

第1章

国語授業で もっと思考ツールを 活用しよう!

国語の授業こそ、思考ツールの活用を

国語の授業では、物語や説明文など、文章を読み取っていく活動が多くあります。

物語の冒頭では、例えば、『「夜でも昼でも、辺りの村へ出てきて、いたずらばかり」していたごんは、どんなきつねだったのだろう』というように、登場人物の設定を読み取ります。物語の山場では、「あれだけ残雪とその仲間を捕えることに執着していた大造じいさんが、残雪を撃つ絶好のチャンスに銃を下ろしてしまったのはなぜだろう」というように、中心人物の大きな変化とその理由を読み取ります。

多くの教室では、このような学習課題に対して、子どもたちはノートに自分の考えを書いて発表し合い、聞き合い、検討し合っていきます。

他方で、国語の授業の内容がよくわからない、どうやって考えてよいのかわからない、だから国語は好きじゃない、という子どもはとてもたくさんいます。国語の授業で何を教えたらよいのかわからない、だから国語は苦手、という先生もたくさんいます。

そして、このように嫌いになったり、苦手になったりすることの大きな要因の1つが、先にあげたような、課題に対して自分の考えを文や文章にまとめて語る学習なのです。

算数の場合を考えてみましょう。算数でも、文章を読み、課題を解決していく学習はたくさんあります。国語と違うのは、図や表、グラフに表して考え、課題を解決していくことが多いという点です。

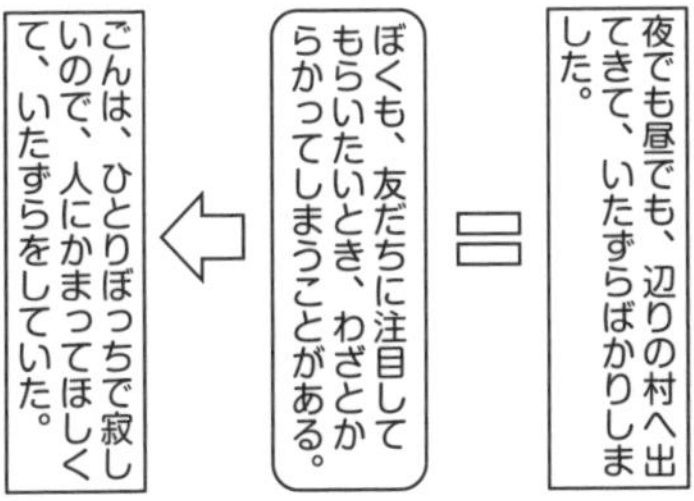
夜でも昼でも、辺りの村へ出てきて、いたずらばかりしました。
＝
ぼくも、友だちに注目してもらいたいとき、わざとからかってしまうことがある。
ごんは、ひとりぼっちで寂しいので、人にかまってほしくて、いたずらをしていた。

しかし実は、国語においても、いったん図式化することで考えやすくなる場面は少なくありません。例えば、ごんの設定を考える場面であれば、上のような「類推」の思考ツールを使って、ごんと似た状況を思い浮かべることで、考えやすくなります。

文章で書かれたものを多く扱う国語だからこそ、思考ツールを積極的に使うことにより、課題解決のための考え方のイメージを子どもはもちやすくなります。また、教師も基本的にどのような考え方を指導すればよいのかが見え、何を教えたらよいのかの迷いがなくなります。国語の授業だからこそ、思考ツールを積極的に活用するべきなのです。

思考ツールの大まかな分類

国語の学習は、文章などを読むことと、スピーチをしたり文章を書いたりすることに大きく分かれますが、両者には大きなつながりがあります。例えば、低学年で説明文を順序立てて読むことを学びますが、低学年でスピーチをしたり書いたりする際の大切なポイントは、同様に順序立てて話したり、書いたりすることです。

思考ツールは、文字通り、思考を促す道具です。考え方を学び、働かせるためのものです。読むことにも、話したり書いたりすることにも生かせる思考ツールの使い方を、ある領域で学んでおけば、別の領域にも生かすことができます。つまり、例えば、読むことで活用した順序立てるための思考ツールは、おもちゃのつくり方の順序を説明する文章を書くときにも生かすことができるということになります。また、「ごんぎつね」でごんの設定を考えるために使った思考ツールは、他の物語でも使うことができます。このように、領域や教材をまたいで思考ツールを活用することによって、子どもたちは特定の場面だけで働く思考力だけではなく、汎用性の高い思考力を身につけていくことができます。

国語科では教材により、指導事項により、様々な思考様式が求められますが、以上のことを踏まえ、本書では汎用性の高い40の思考ツールを紹介します。

それらは、おおよそ次の3つに大別されます。

①具体―抽象の関係を表すもの
②中心となる柱に沿って思考をつなげるもの
③概念的思考そのものを表すもの

それぞれについて、以下、簡単に説明します。

①具体―抽象の関係を表すもの

まとめたことと、具体的なこととの関係を示すものです。

ピラミッドチャート、ウェビングマップなど、抽象的なことが頂上、あるいは円の中心にあり、その下や中心の外側に具体が示されているものです。本書に収められている思考ツールでは、このタイプが最も多いです。

抽象から具体へという思考の展開だけでなく、具体から抽象という思考の展開もあります。また、レーダーチャートのように、抽象的な事柄は思考ツールの中に書かれてはいないけれど、テーマに沿って具体的な思考を展開していくものもあります。

さらに、サークルチャートのように、思考を展開するための「観点」が示されているものもあります。これらは、スピーチや作文をつくる際の材料を集めるときをはじめ、物語や説明文の解釈をするときに生かすことができます。

②中心となる柱に沿って思考をつなげるもの

文章を書くときの観点、根拠、理由、主張をつなげるための意見文チャート、物語の登場人物の気持ちの変化を追っていく心情曲線など、基本的に、1つの流れに沿って、はじめからおわりに向けて思考を連続させていくものです。広い意味では、説明文をまとめる際の文章構成図もこの仲間になります。

これらは、説明文や物語文の全体の流れを把握したり、スピーチをつくったり作文を書いたりする際の構成を考えていくときに効果的です。

③概念的思考そのものを表すもの

比較や帰納など、概念的思考モデルを表したものです。説明文には、比較や因果など、様々な説明の仕方がありますが、それらを理解するうえで効果的です。また、自分が説明を行うときにも生かすことができます。

物語では、因果チャートを使うことで山場での登場人物の心情の変化の原因を考えたり、帰納チャートを使うことで登場人物の性格を考えたりすることができます。

思考ツールで、個別最適な学びと協働的な学びを

個別最適な学びの要素の1つに、「学習の個性化」があります。単なる「活動の個性化」とは異なります。各自の個性を生かして課題解決をする中で、確かな学びを得る必要があります。子どもたちがそれぞれの課題に応じた思考ツールを使いこなすことができれば、確かな学びを得ることができるでしょう。

そのうえで、例えば、「海のいのち」で太一がクエを打たなかった理由をベン図で考えた子、コンフリクトチャートで考えた子など、多様なアプローチからの追究を出し合い、検討することで、協働的な学びは豊かなものとなります。

前述のように、思考ツールは領域をまたいで使えたり、次の教材にも使えたりする汎用性の高いものです。1つの単元のみで思考ツールを使うのではなく、計画的に繰り返し使うことで、子どもたちの学びを確かに、豊かにしていきたいところです。

第2章

国語授業で使える
40の思考ツールと
その活用法

①ピラミッドチャート

対象を階層化して整理するツールです。

例えば、具体と抽象の関係です。一番下の層を最も具体的な事柄として、上の階層に行くに従い抽象化するというものです。

他にも、自分が考えたことのランキングをつくることもできます。例えば、自分が最も行ってみたい場所をピラミッドチャートの最も上の階層に位置づけて、以下、真ん中の層に2番目に行きたい場所をいくつかあげ、一番下の層に3番目に行きたい場所を列挙するというものです。このようにして、ピラミッドチャートによって、「順序づけ」を行うことができます。

活動の場面では、最初からピラミッドチャートに書き込むのではなく、まず、テーマについて思いついたことを列挙し、そのうえで、優先順位をつけて、ピラミッドチャートに配置する方法もあります。

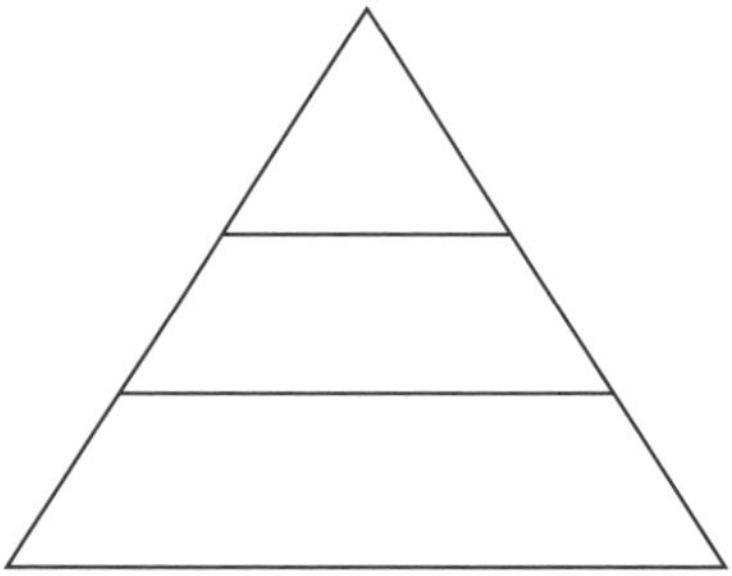

②ウェビングマップ

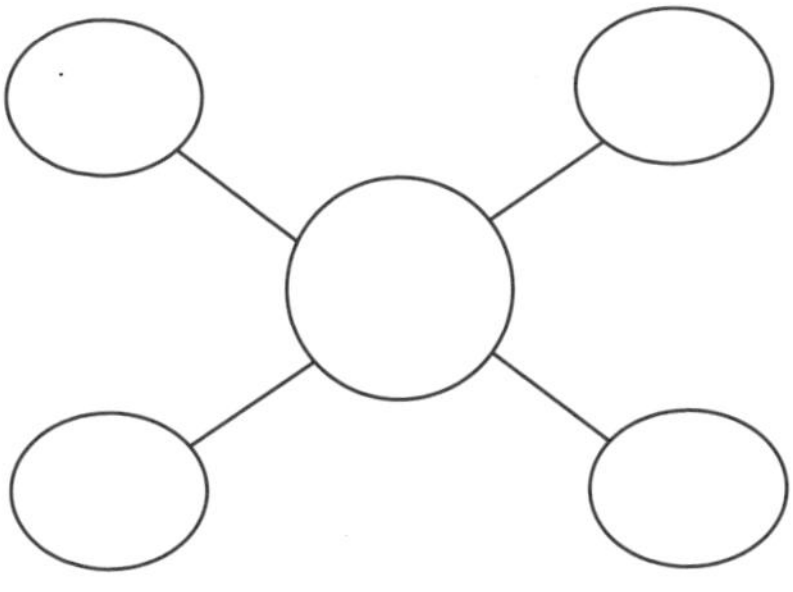

中心に位置づけた事柄に関連した事柄をつないでいく思考ツールで、**1つのことから発想を広げていく**場合に使います。

例えば、中心を「夏休み」とすると、まず「海水浴」を書き込み、次に海水浴から連想した「スイカ割り」を書き込む…というように、発想した事柄をどんどん外側に向けて広げます。

発想の広げ方には、大きく2通りあります。

1つは、まったく自由に連想する方法です。中心に位置づけた事柄から発想するための条件をつけず、ひらめいたことを書き込んでいきます。この方法だと、自由な発想が広がりやすい反面、狭い内容になる場合があります。

もう1つは、中心から発想する際に「観点」を決める方法です。例えば「海水浴」を中心にしたときに、「音」「見えるもの」のような観点を決め、それに沿って発想します。

③クラゲチャート

クラゲの頭の部分がテーマとなり、クラゲの足の部分がテーマに対する具体となります。

テーマと具体の関係には次のようなものがあります。

■つくり手の主張と主張を支える根拠や理由

例えば、「夏、遊びに行くなら山がよい」を主張としてクラゲの頭の部分に書き、「涼しい」とか、「空気が気持ちよい」といった根拠や理由を足の部分に書いていくというものです。

■調査のテーマと調べた内容

例えば、「お米からつくられる料理」をクラゲの頭の部分に書き、図書館で調べた「おせんべい」「おだんご」などを足の部分に書いていくといったものです。

他にも、説明文の内容の読み取りの際に、具体例とまとめの整理をしたいときにも使うことができます。

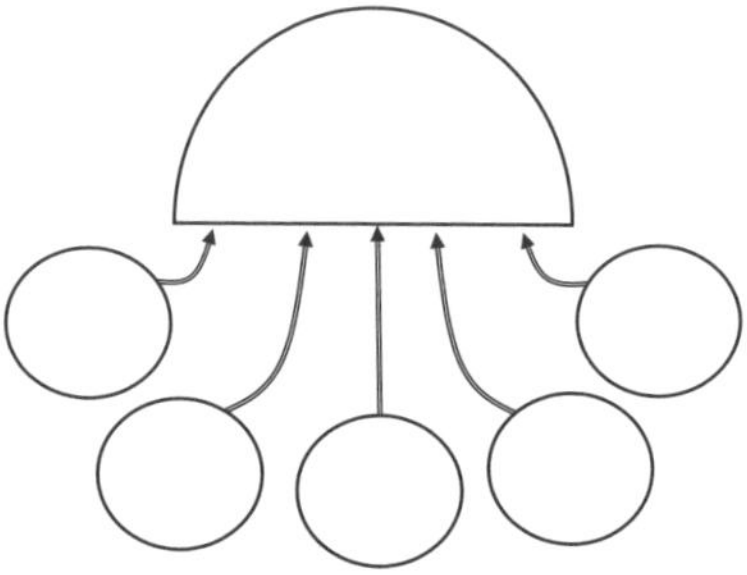

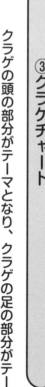

④フィッシュボーン

対象を多面的に分析するときに使うのが、フィッシュボーンです。

魚の頭の部分にはテーマや主張を書きます。

両側に開いた骨の部分の一番端に、テーマや主張を分析するための観点を書きます。

テーマ・主張と背骨の間には、テーマ・主張を観点に沿って分析した内容を書きます。「書くこと」領域で意見文を書く場合などには、テーマ・主張のメリットを様々な観点から具体化することもできますし、テーマ・主張を様々な観点から見てメリットやデメリットを具体化することもできます。

さらに、観点に沿って対象を分析する機能を使えば、物語の感想を楽しいところ、不思議なところといった観点で書くこともできますし、人物像等を分析することもできます。

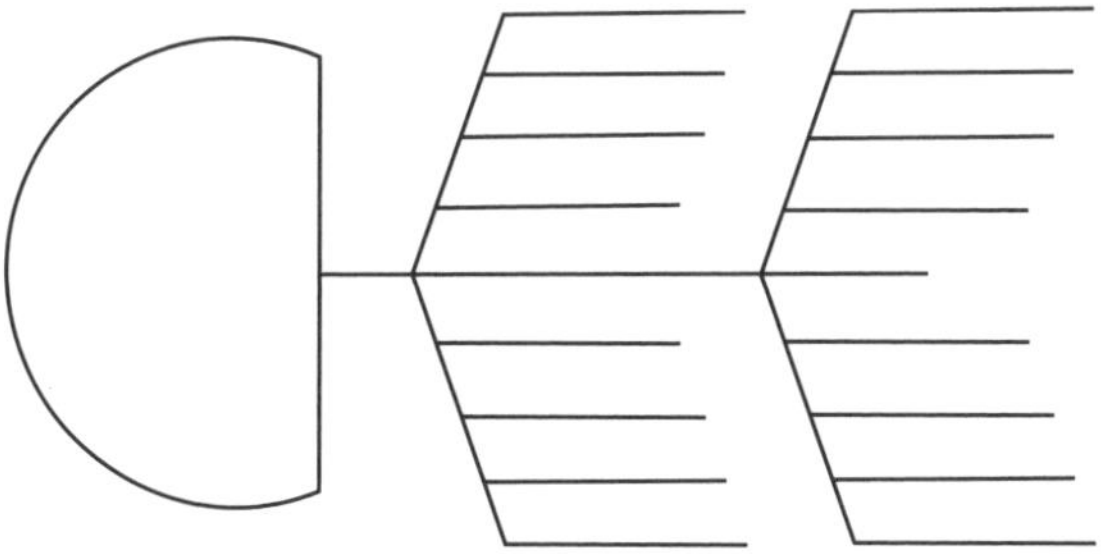

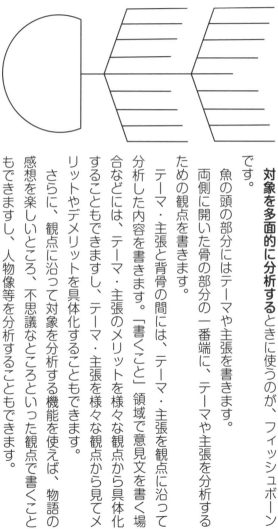

⑤マトリクス

複数の対象について、複数の観点から内容を取り出して整理するのがマトリクスです。

見た目は「表」です。

国語の授業では、物語の場面の移り変わりや、説明文での段落の要約を表にまとめていくことがよくあります。

物語であれば、表にすることで、いつ、どこで、どのようなことが起きたのかを整理し、話の流れをつかみやすくなります。説明文でも、表にすることで論の展開を捉えやすくなります。

マトリクスには、そのような流れを整理する機能もありますが、複数のものについて「比較する」ための情報整理をする機能もあります。

例えば、物語の始まりと終わりを比較して、テーマを考える際など、便利に使えます。

⑥ダイヤモンドランキング

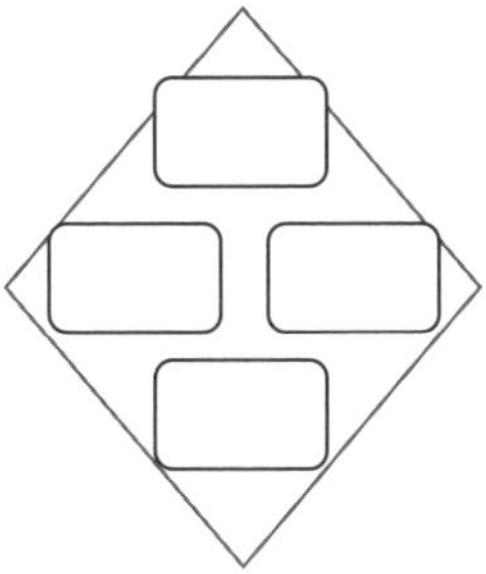

取り上げた事柄の順位づけを行うのがダイヤモンドランキングです。

取り上げた事柄を上から順序づけしていく際に、同じ仲間だと判断できるものや、同じ順位だと判断できるものは横に並べるなど、分類の思考も働かせることができるツールです。

テーマに対して複数の事柄を考え、それを個人で順位づけして整理するのにも使えますし、各自が考えたことをグループで話し合い、１つのことを決定していくのにも使えます。

個人単位での活動としては「話すこと・聞くこと」領域のスピーチづくりや、「書くこと」領域の意見文づくりの際、取材したことの中から話したい、書きたい事柄を絞り込むときに効果的です。なお、順序づけをしていく際には、順位を決めるための観点を明確にすることが必要です。

⑦論証チャート

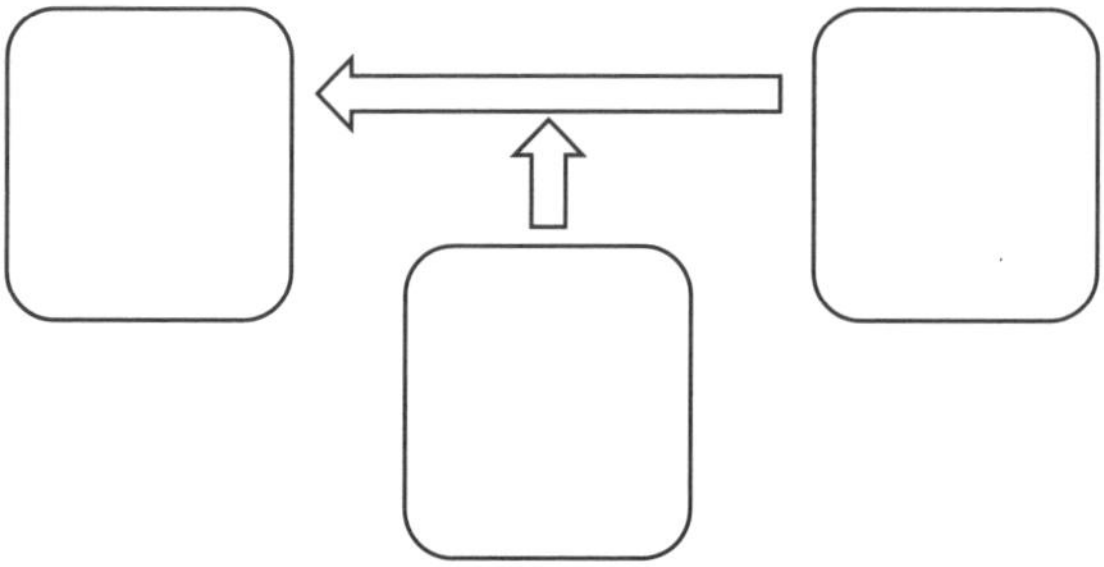

筋道立てた考えを「見える化」したものが論証チャートです。この場合の「筋道立てた考え」とは、「根拠」と「理由」と「主張」の3つの要素がそろっており、それらが矛盾なく結びついていることを指します。

「根拠」は、「事実」「事例」のような、「主張」を導き出すための基になる客観的な事柄です。「主張」は、「根拠」を基にした「考え」です。例えば、「今朝は雨が降っているので遠足は中止になった」は「根拠」で、「とってもうれしい」が「主張」となります。「根拠」と「理由」をつなげる考えが「理由」です。前述の例では、「ぼくは長い距離を歩くのが好きじゃないから」という部分が「理由」です。

上にあげた論証チャートでは、一番右が「根拠」、真ん中が「理由」、一番左が「主張」になります。

⑧トゥールミンモデル

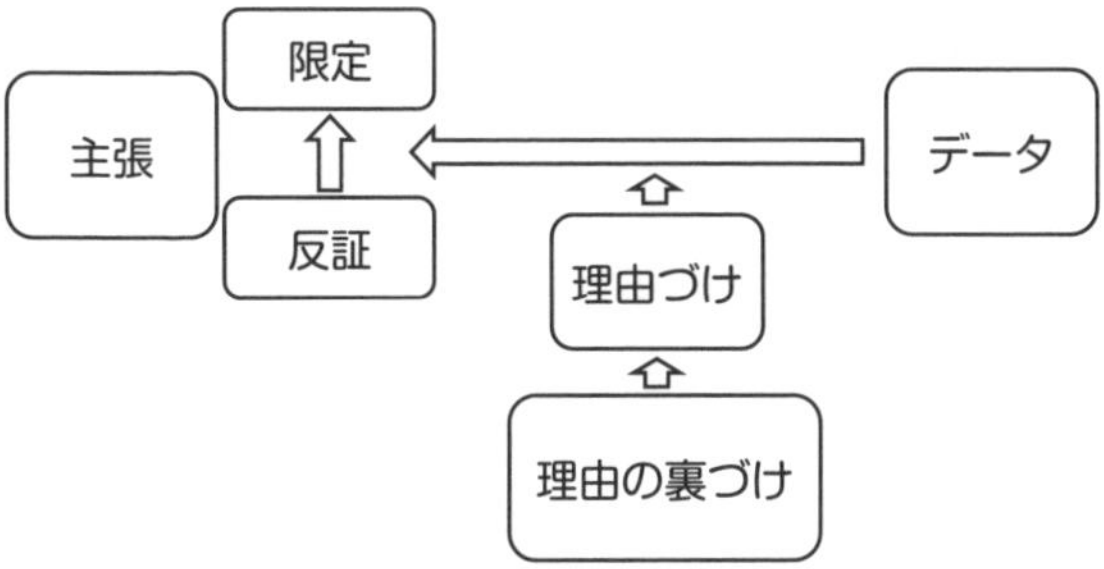

論証チャートは「根拠」「理由」「主張」の3つの要素でしたが、イギリスの分析哲学者であるスティーヴン・トゥールミン（Stephen Edelston Toulmin）が議論の論理構造について示したトゥールミンモデルは、**6つの要素で構成**されています。

根拠をより客観的にした「データ」、「理由づけ」、その理由の確かさをさらに高めるものとして「理由の裏づけ」、議論の確かさの程度を示す「限定」、主張に対する「反証」、そして「主張」となっています。

妥当性の高い、確かな理由を示すと共に、議論の内容が正しいと言える範囲を示すことによって、より説得力の高い考えをつくることができます。

【参考文献】井上尚美（1998）『思考力育成への方略　メタ認知・自己学習・言語論理』（明治図書）

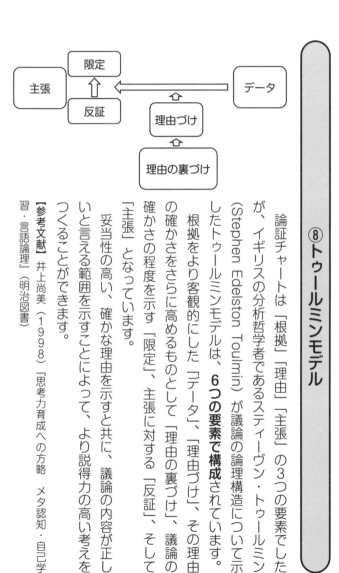

⑨心情曲線

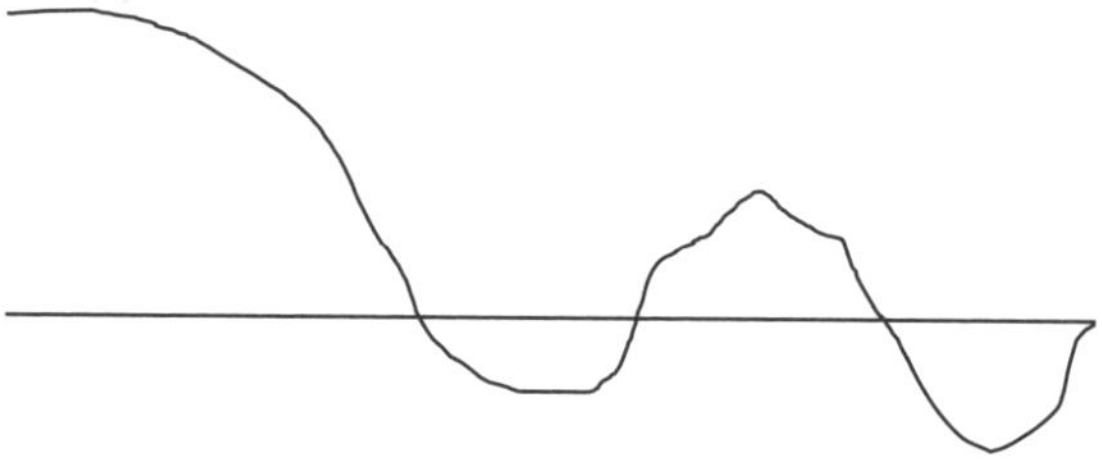

心情曲線は、その名の通り、**物語の登場人物の気持ちの上がり・下がりを曲線で示したもの**です。

心情曲線の大きな利点は2つあります。

物語の登場人物の気持ちを言葉で説明するのは難しいものです。しかし、心情曲線は、気持ちを曲線で示していきますので言葉で説明するよりも取り組みやすいことが1つ目の利点です。

また、心情曲線の形は、人によって共通点、相違点がありま す。共通しているところはどうして同じなのか、異なるところはどのような読み取りをしているから異なるのかを話し合うことで、物語の読み深めを自然に促すことができるということが第2の利点です。

心情曲線をつくり説明し合うことそのものが互いの読みを深めますが、理由を検討すればさらに読みの精度が上がります。

⑩人物関係図

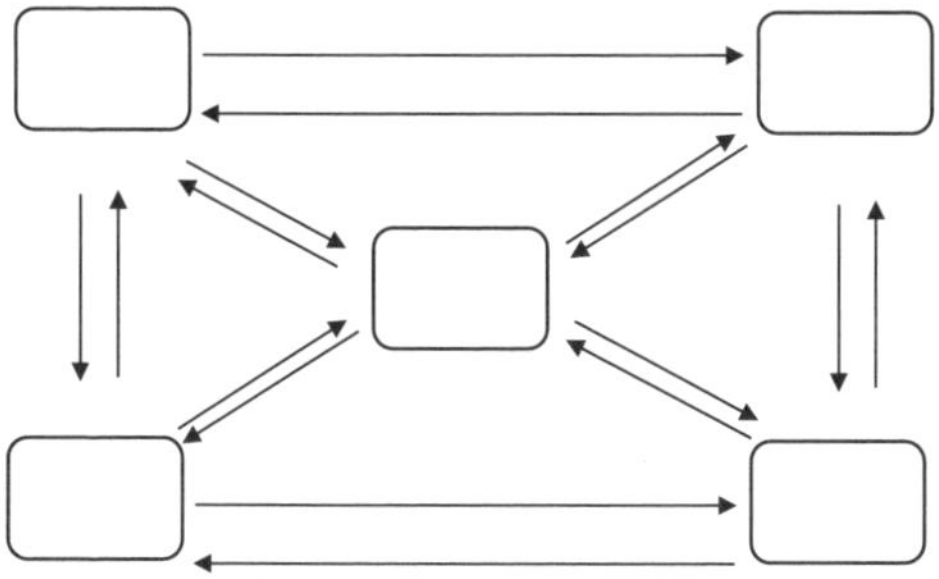

人物関係図は、**物語・小説の登場人物がお互いにどのような関係になっているのかを図式化したもの**です。上の図では□がそれに当たりますが、基本的に登場人物の名前などを書き込み、矢印でお互いをつなぎ、矢印の脇にお互いの関係性を言葉で書き込んでいきます。登場人物が多く、関係性が整理しにくいような長編小説では、人物関係図に整理をしながら読み進めていくと、内容の理解が一層促されます。

小学校学習指導要領では、5、6年の「構造と内容の把握」に関する指導事項に登場人物の相互関係を捉えることがありますが、人物の気持ちはお互いの関係により読み取ることが多くあるので、人物関係図をつくって物語を読み取ることは、高学年に限定する必要はありません。その際、お互いの対象に対する思いを関係図で表すことも気持ちの読み取りに効果的です。

⑪因果チャート

物語を読むことの大きな目的の1つは、**物語世界から自分なりのテーマを描き出す**ことです。そのために、用いるのが因果チャートです。

物語の基本的な構造は、中心人物が変化する前の姿があり、あるきっかけによって、変化をするというものです。因果チャートでは、まず「変化の前の姿」を右側の□に、「変化の後の姿」を左側の□に書き込み、どのような変化があったのかを捉えます。

次に、なぜ変化があったのかを考えて真ん中下の□の中に書きます。同じ教材を読んでも、人によって、どんな変化があったのか、なぜそのような変化があったのかに関する捉え方は違いがあります。お互いがつくった因果チャートの発表や検討をすることで、物語を多面的に味わうことができます。

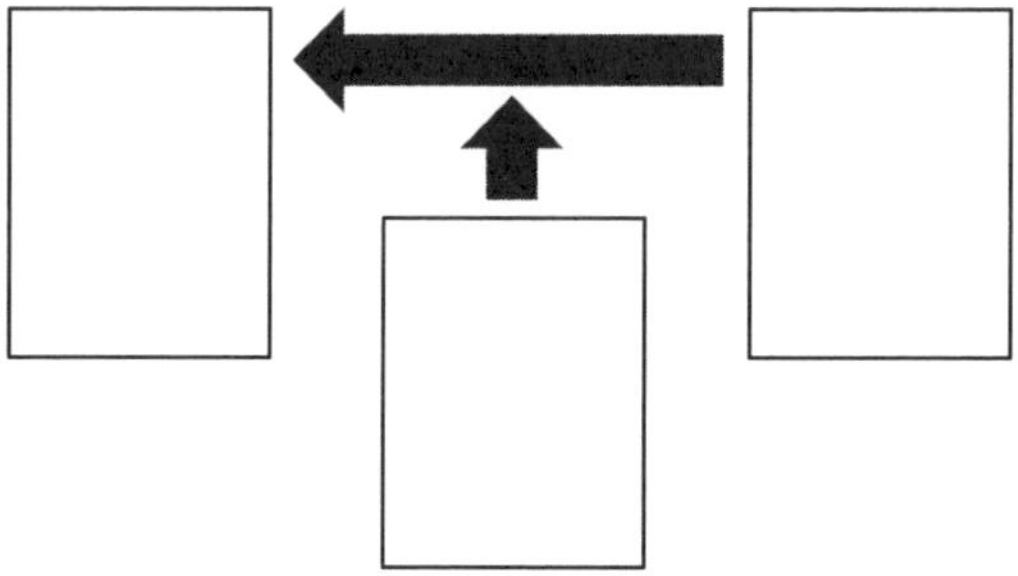

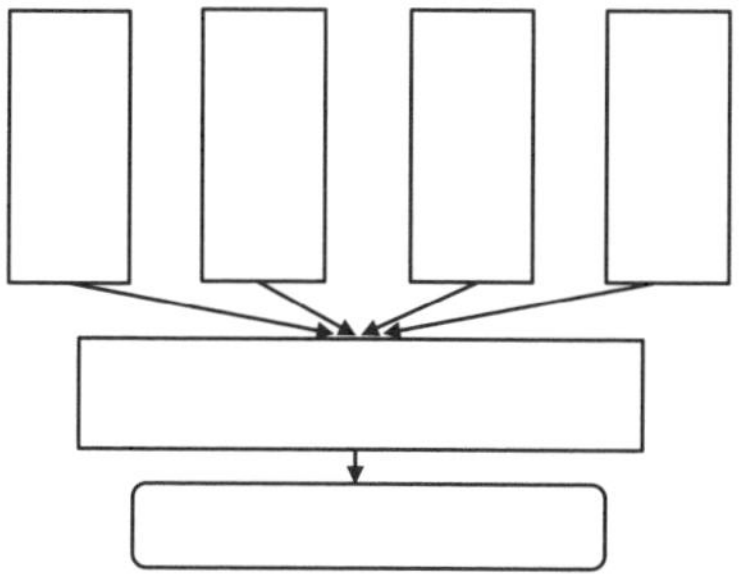

⑫帰納チャート

複数の情報を集め、それらの共通点を見つけて主張を述べるときに使うのが帰納チャートです。

一番上の□の中には、集めてきた情報が入ります。一番下の□に主張したいことを入れます。真ん中の□の中には、集めてきた情報の共通点が入ります。この部分が情報と主張をつなぐ理由づけになります。例えば、地元の名産を紹介、宣伝するリーフレットをつくる学習の際、「みかんにはビタミンCが多い」「みかんはガンの予防になるものが含まれている」「みかんには血管が固くならないものが含まれている」という情報を基に、「ミカンには体によいものがたくさん入っている」という理由づけをして、「みかんを食べよう!」という主張を導くことができます。

物語で登場人物の性格を考える際にも使えます。

⑬比較チャート

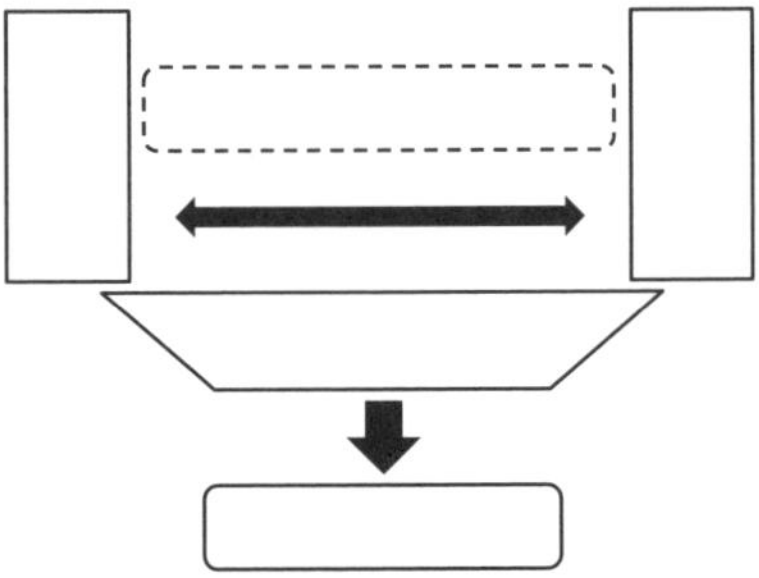

観点に沿って対象に関する情報を取り出し、比較して主張を述べる際に使うツールです。点線の枠の中には比較をするための「観点」が入ります。観点に沿って取り出した情報を、左右の□の中に入れます。両者を比較した内容が真ん中の台形の枠の中に入ります。そして、主張を一番下の□の中に入れます。

「謝るなら手紙がよいか、電話がよいか」といった論題に対する意見文を書くなど、二者を比較して意見をもつ活動をする際、観点に沿って、筋道立てて、両者のメリットとデメリットを比較することができます。1つの観点で比較したら、別の観点でも比較するというように、1つのテーマに対していくつかの比較チャートをつくり、分析することで、多面的なものの見方を養うことにつながります。また、対比の形で論を展開している説明文の読み取りにも効果を発揮します。

⑭具体化チャート

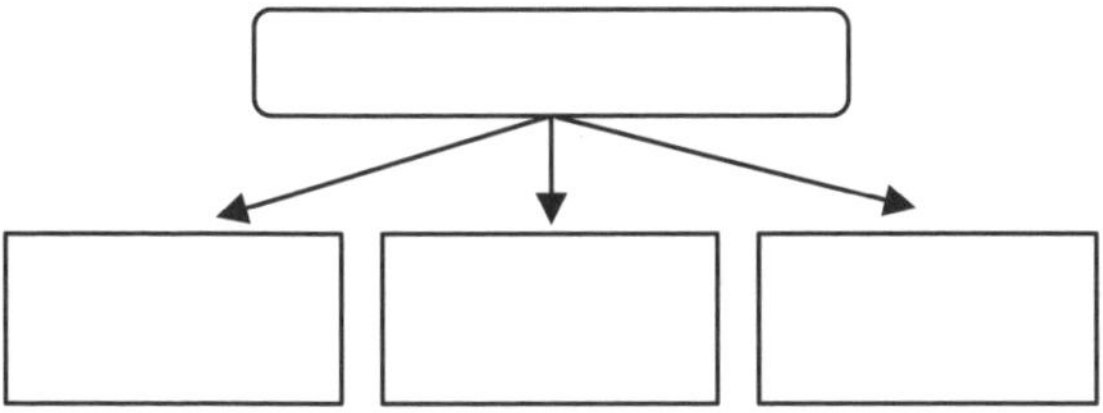

1つの対象を取り上げ、その具体的な内容を整理する際に効果的なのが具体化チャートです。

例えば、「この人をしょうかいします」（東書二下）のように自分の身近な人を紹介したい場合に、「おばあちゃんの得意料理」といったことを一番上の□の中に書き入れます。

そして、上から二番目の□の中には、「肉じゃが」や「手打ちうどん」といった具体的な料理の名前を書き入れていくようにします。

さらに、つくり方や自分もお手伝いをするかなど、それぞれの料理についてもっと詳しく書きたいことを二番目の□の下にさらに枠をつくって書いていくこともできます。

抽象的な事柄をあげて、そのうえで具体を述べていく説明文の読み取りにも効果的です。

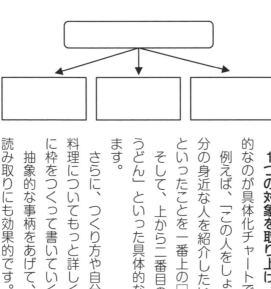

⑮抽象化チャート

下の□が具体的な事例です。その事例を抽象化したものが上の□です。例えばインタビューでは、話し手が具体的に述べたことを聞き手がまとめる必要がある場合があります。「体育委員会で体育館での当番活動をするときに大変なことは何ですか？」と聞いたとき、「体育館で遊んでいる人がボールを片づけないで教室に帰ってしまうことがあります。そういうときには、委員がボールを片づけるので、次の授業に遅れそうになってしまう場合があります」といった答えが返ってくる場合があります。そういったときには、「ボールの片づけが大変なのですね」とまとめる必要があります。抽象化チャートを使い、話し手の言葉を下の□に書き、上の□に入る言葉を考えることで、**抽象化思考を働かせ、相手の話をまとめる**ことができます。

他にも説明文で段落の要約をする際にも活用できます。

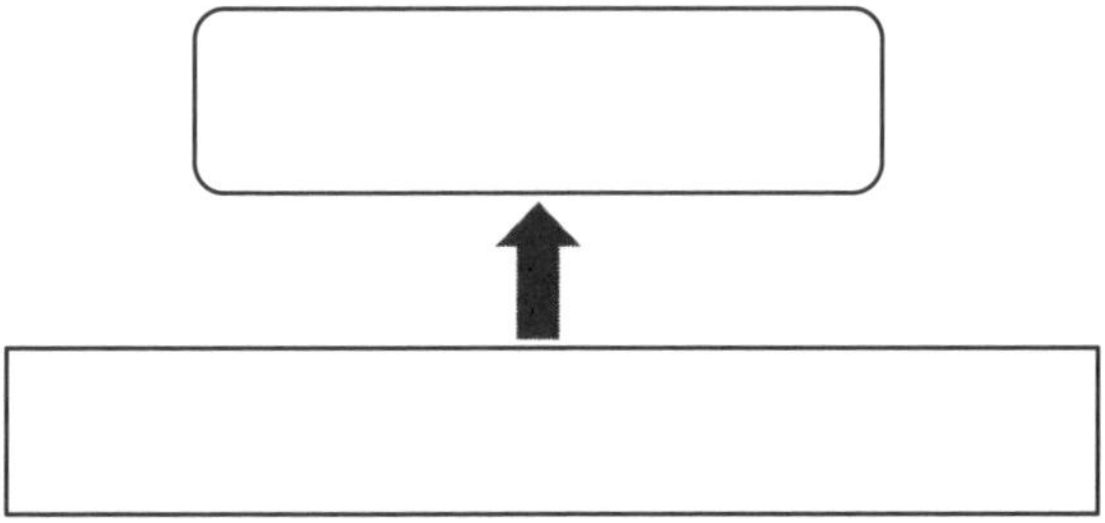

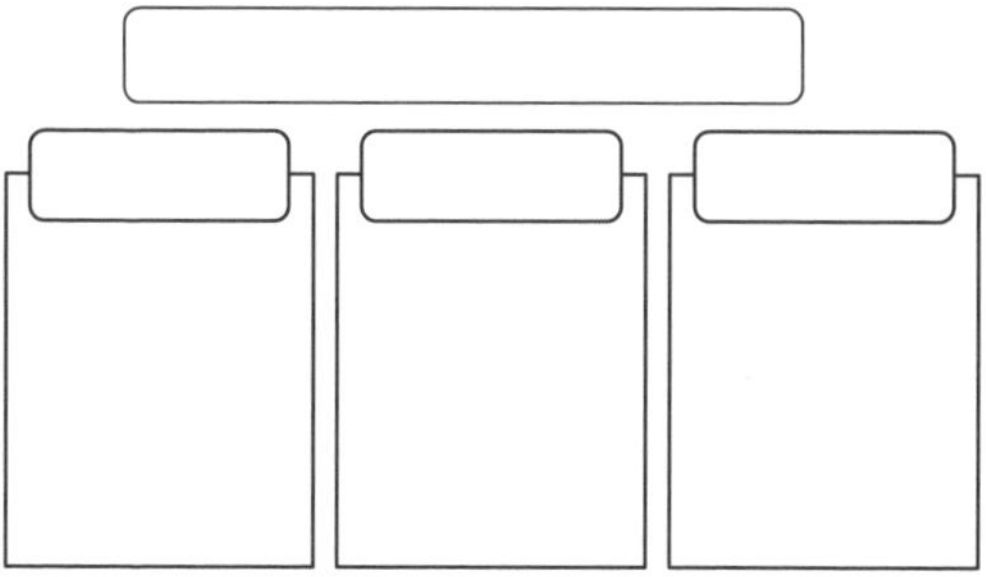

⑯分類チャート

1つのテーマに対する具体的な事柄を、観点を設定して仲間分けするために使うのが分類チャートです。

まず、一番上の□に「1年生に読み聞かせしたい本」といったテーマが入ります。

その下の□には、「笑えるところがたくさんある本」「少し悲しい本」といった分類する観点が入ります。

一番大きな□には、観点に沿った具体的な事柄が入ります。

作文やスピーチで使う事例をたくさん集めたときに、まず分類チャートを使い、仲間分けしてから、その中で伝えたいことを選ぶ、といった場合に使えます。話し合いで、それぞれが出した意見を検討していく際に意見の分類をするときにも使えます。他にも、物語の登場人物の性格や人物像を考えるときにも使えます。

⑰定義チャート

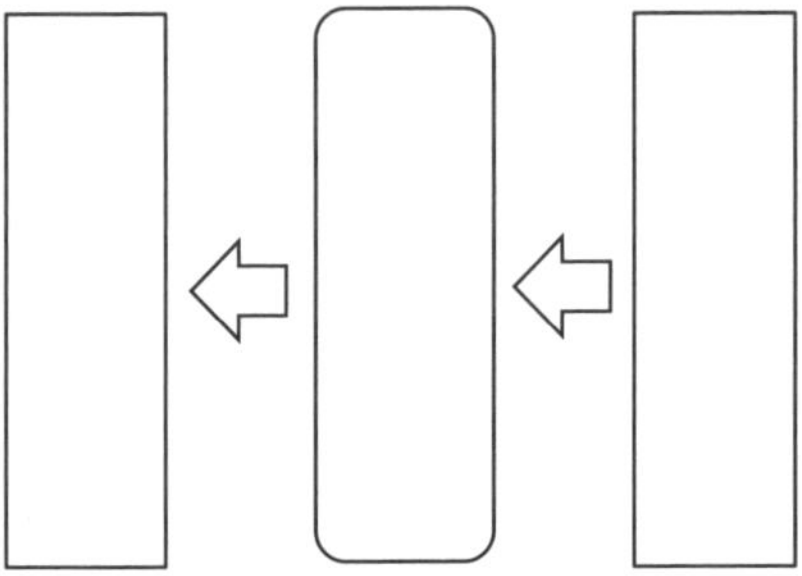

「定義づけ」という思考は難しい考え方のような印象がありますが、**ルールに従って考える**というものです。

例えば、友だちの家に遊びに行った小学1年生の子が「もうすぐ5時になるね。『5時になったら帰って来なさいね』とお母さんに言われているから帰るね」と友だちに言う場合、この子は「5時になったら帰る」というルールに従って考えていると言えます。

上の図では右の□に対象が入り、真ん中の□に定義・ルールが入ります。そして左の□に対象を定義に照らし合わせた際の主張が入ります。

定義による思考が便利なのは、教師モデル等に沿うことが多いスピーチや「書くこと」領域全般の活動です。また、物語の場面分けや説明文を三部構成に分けるときにも使います。

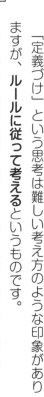

⑱類推チャート

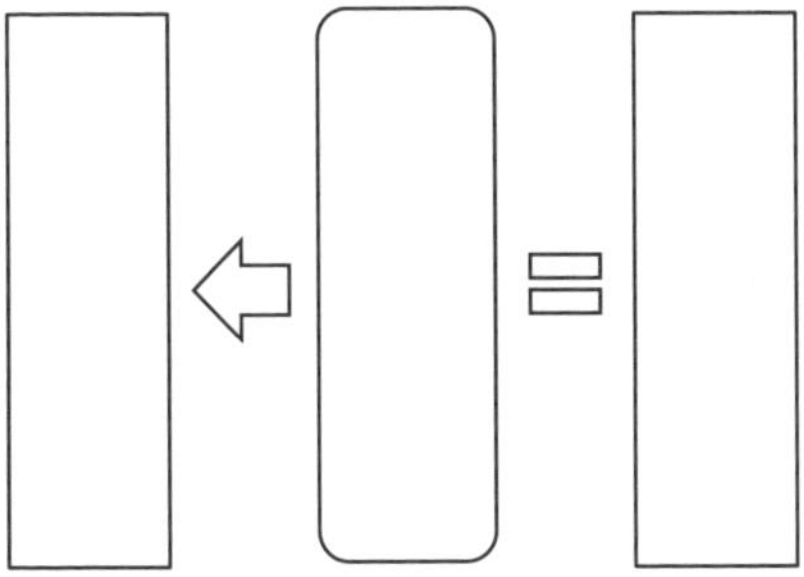

「類推」という思考は、**似ている点を基にして他を推測する**というものです。この考え方は、算数の授業ではよく使われます。例えば、四角形の内角の和を求める方法を考える際に、「三角形の内角の和を求めるときには、3つの角を切り取って1か所に集めて測ってできた。だから、四角形でも角があるのは同じなので、三角形と同じように角を切り取って1か所に集めよう」といったものです。国語では、物語の登場人物の気持ちを想像するときに類推を使います。お手紙をもらえないがまくんになったつもりで考える際には、まず、自分がほしいものをもらえないときの気持ちを思い浮かべ、それを教材文の中のがまくんの状況に合わせて考えます。上の図では、右の□が教材文の状況、真ん中の□が類似した状況のときの自分の気持ち、左の□が登場人物の気持ちとなります。

⑲ピザ型チャート

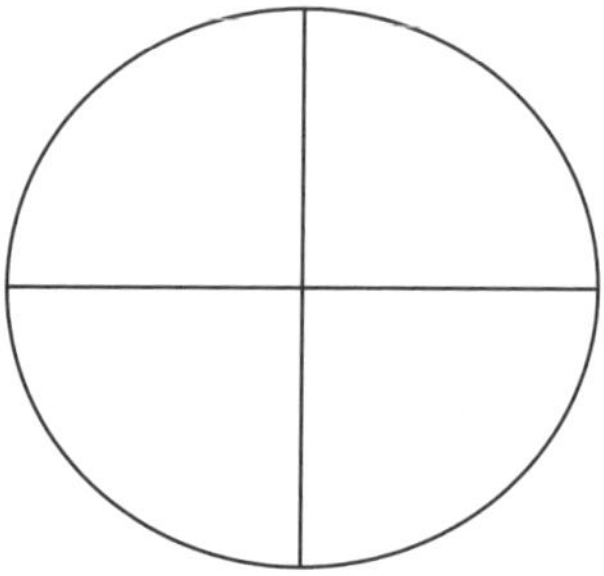

ピザ型チャートは、**1つの対象を多面的に分析していく**ときに使います。例えば、災害に対する備えとして「台風」をテーマにすると、上の四象限のチャートでは、「風に対して」「雨に対して」「停電に対して」「断水に対して」といった4つの面での備えを考えて記入することができます。

また、説明文を読むときに、話題に対する本論での具体例を、それぞれのスペースに整理していくことができます。

例えば、「すがたをかえる大豆」（光村三下）では、大豆を使った食品の工夫が複数書かれていますが、それらを、「にたり、いったりするくふう」や「こなにひいて食べるくふう」などの観点で各スペースに整理することができます。事例が多い場合には、線を引いてスペースを増やし、少ない場合にはスペースの数を減らします。

⑳付箋

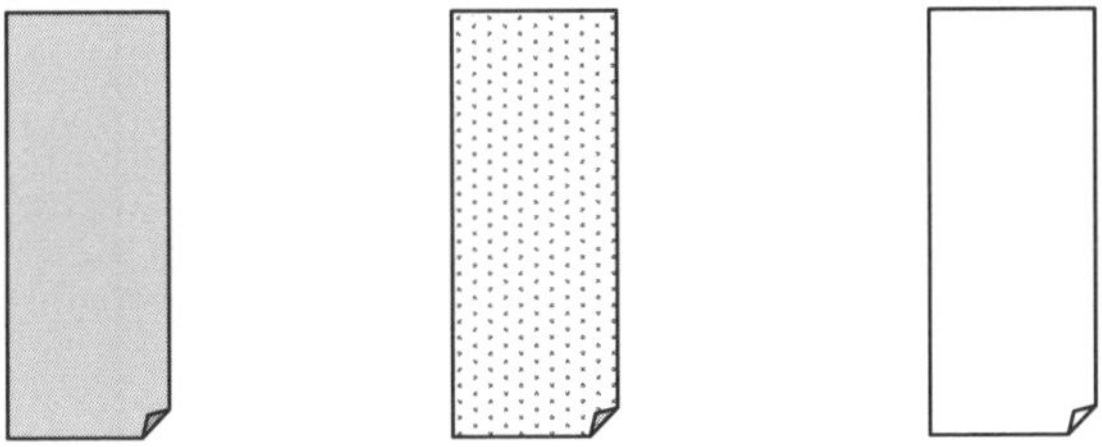

付箋は、様々な目的で使うことができます。

調べ学習をするときに、調べたことを付箋にどんどん書き出しておいたり、作文を書くときに、テーマから思い浮かんだことを付箋に書き出したりしておくなど、**取材したり思考を広げたりする**場合に使うことができます。

また、作文を書く場合に、調べて付箋に書き出しておいたことを、「はじめ・なか・おわり」などの流れに従って並べるときにも便利です。

さらに、１人で付箋を使って考えることも思考力をつけるために大切ですが、各自が付箋に書き出したことを発表し合った後、それぞれの考えを仲間分けしていくことで、課題に対する考えが整理され、思考が広がります。考えによって色を変えることも多面的な思考を促します。

㉑構造曲線

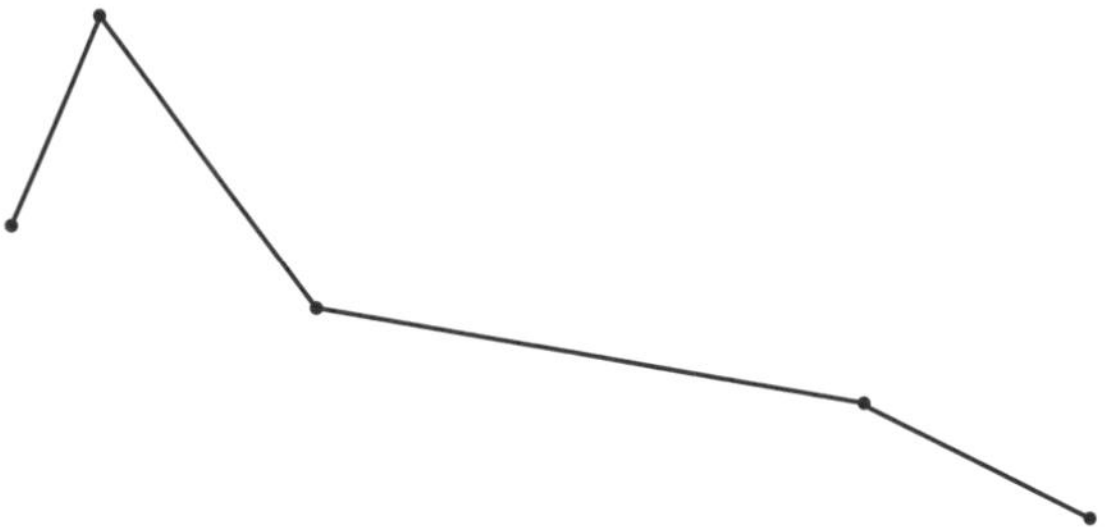

説明文は「はじめ・なか・おわり」で表されるように、3つの大きなまとまりからできています。

物語も同様に大きなまとまりに分けることができます。基本的には「導入・展開・山場・結末」の4つに分けられます。

「導入」で、物語の設定が示されます。「展開」で、事件が始まっていきます。そして「山場」では、最も大きな事件が起こり、その結果、物語の中心人物に大きな変化がもたらされます。大きな事件のその後が描かれているのが「結末」です。

物語をこのように4つのまとまりで捉え、構造曲線を描くことにより、子どもは**物語全体の展開を大きくつかむことができます**。

物語の展開を大きくつかむことは、物語のテーマを考えていくことにつながります。

㉒文章構成図

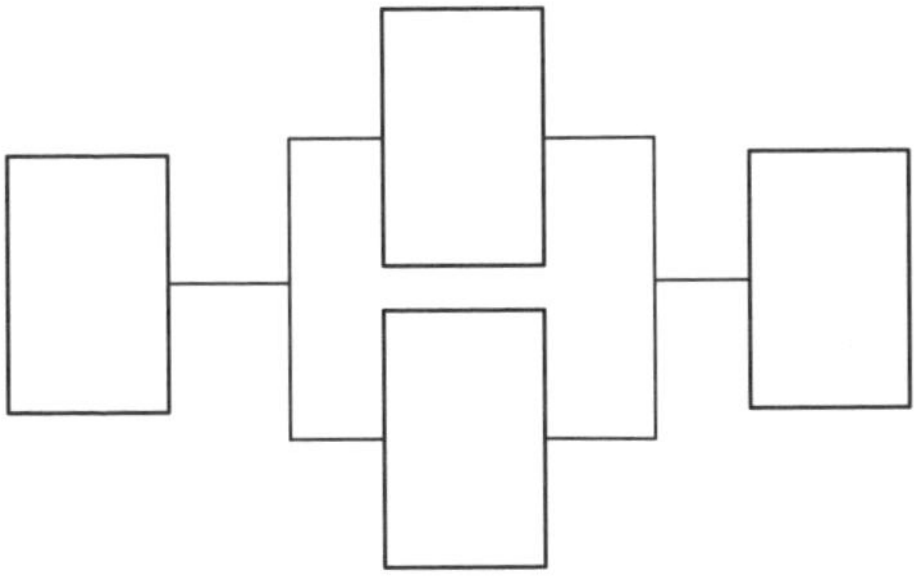

説明文の段落の関係を回路図のように表したツールが、文章構成図です。

文章構成図を作成することには、2つの意味があります。

1つは、内容のまとまりの理解が促されることです。「4段落から6段落までは、日本に固有種が多く残った理由を述べているから仲間になる」といったことが文章構成図をつくる中で意識できます。

もう1つの意味は、段落相互の関係の理解が促されることです。例えば、日本に固有種が多く残った理由と、それが生き続けられた理由は、並列的に説明されているといったことがわかると、文章を整理して理解することができます。また、このような説明の仕方を理解することは、書く活動等で説明するときにも活用できます。

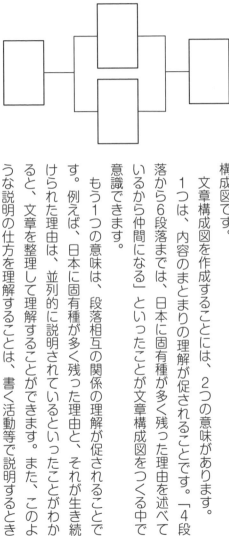

㉓レーダーチャート

レーダーチャートは、**1つの対象を多面的にみる**場合に使います。それぞれの頂点が観点となり、観点に対応する姿を数値で表します。中心が0で、外側に行くほど大きな数字になります。

物語を読む学習には、登場人物の性格や、人物像を読み取るという指導事項があります。

このときに、レーダーチャートは効果を発揮します。それぞれの観点を「優しい」「勇気がある」などと設定し、登場人物の姿を数値化し、線でつないでいきます。

数値化したことについて、教科書の叙述に基づいて理由づけすることが、読み取る力を高めるためには大切です。また、子ども同士の考えのずれを切り口にして、さらに深く読み取りをすることができます。

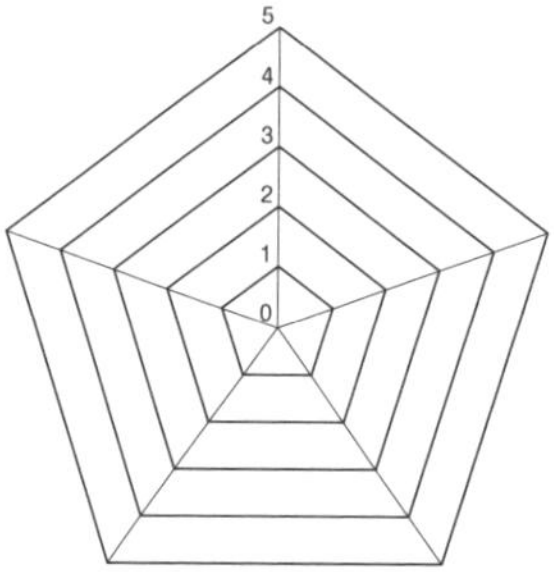

㉔たこやきボックス

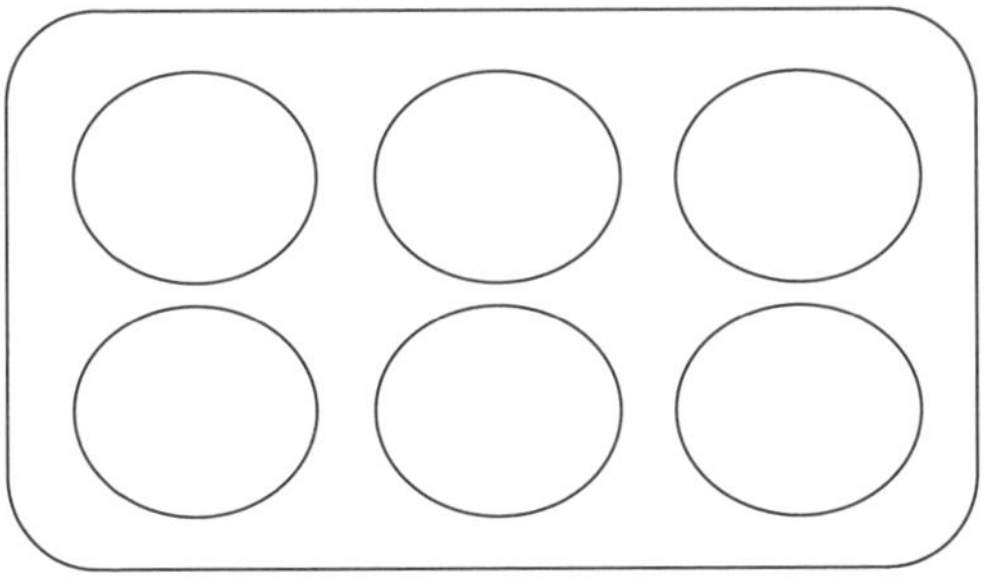

1つの対象を具体化していくときに使います。

一番簡単なのは、テーマに対してそれぞれのサークルの中に、思いついたことを入れていくものです。例えば、「好きな遊び」というテーマで、「ブランコ」「おにごっこ」…などと入れていきます。

少しレベルを上げると、それぞれのサークルの観点を決めて、サークルの中に観点に合った事柄を入れていきます。例えば「好きな遊び」というテーマであれば、あるサークルの観点を「外遊び」として、「すべりだい」を記入する、といったことです。

このように、テーマに沿って複数の事柄を思い浮かべることによって、スピーチや作文の材料を集めることができます。必要に応じて、サークルの数を増やしたり減らしたりします。

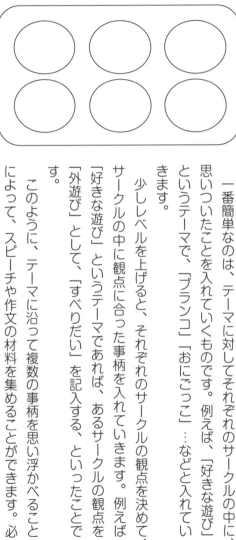

㉕吹き出し

思考ツールを、**子どもが想像したり、考えたり、取材したりしたことを表現するための道具**と捉えると、非常によく使われていて子どもにとって身近なものが、吹き出しです。

登場人物の行動や様子は描写されていても、気持ちが直接書かれていない箇所に関して、吹き出しの中に登場人物の会話文を書かせます。そうすることで、「このときの登場人物はどのような気持ちだったでしょう」という、大切ではあるものの、子どもにとってはなかなか答えにくい発問をすることなく、登場人物の気持ちを想像させることができます。

漫画を見ると、吹き出しにもいろいろな形があります。

登場人物の気持ちによって、叫ぶ形の吹き出しをつくって書かせるなど、吹き出しの形を変えることによって、登場人物の気持ちを一層豊かに想像させることができます。

㉖帯グラフ

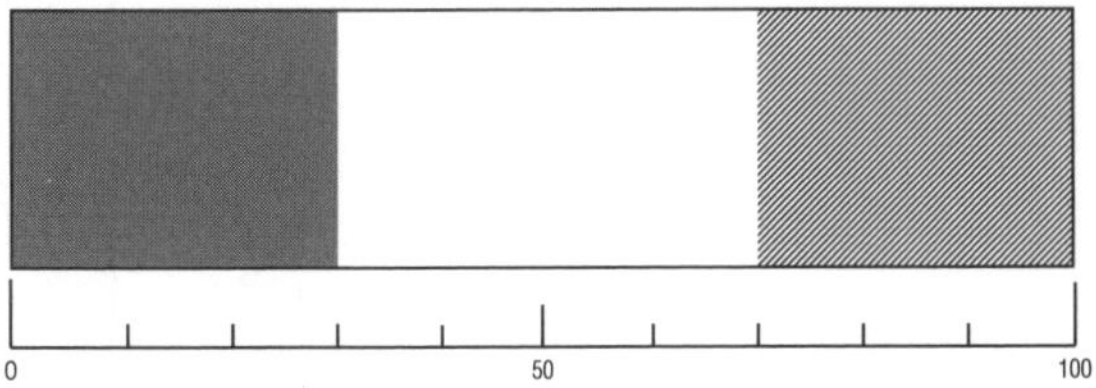

帯グラフは、**全体を１００としたときに、全体を構成するそれぞれの項目の割合を示す**ものです。

物語を読むときに、帯グラフを使って登場人物を分析することができます。１人の人物について観点を設けてそれぞれの観点に対する状況を数値化していくことで、登場人物の性格や人物像を考えることができます。例えば「風切るつばさ」（東書六）に登場するクルルは、勇気が60％、素直さが20％、そして、思慮深さが20％、といったように分析することができます。

このような分析結果は、子どもによってずれがあります。授業の中では、お互いに意見の根拠となる叙述や理由を説明し、意見を比較し合うことで、人物の読みを深め合うことができます。

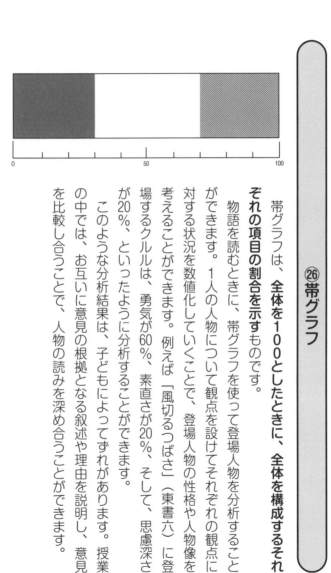

㉗おだんごチャート

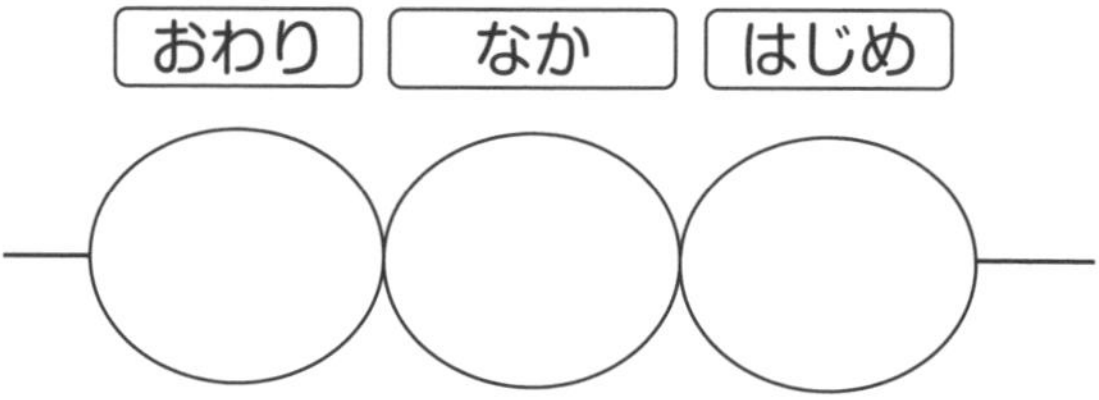

スピーチや作文をつくっていく際、構成に沿って話の内容を組み立てていくことが必要になります。**構成のイメージをもつ**ために使うのが、おだんごチャートです。

上の例では、「はじめ・なか・おわり」と見出しをつけています。子どもたちは、例えば、「夏休みで楽しかったこと」といったテーマで体験を発表する際、この枠組みに沿って話を組み立てていきます。

その際、必要になってくることが、「はじめ」には「どんな体験をしたか」を書く、「なか」には「出来事を時間の順で詳しく」書く、「おわり」には「体験してどんなことを感じたか」を書く、といったように、それぞれの枠の中に何を書けばよいのかを具体的にすることです。

㉘サークルチャート

サークルチャートは、中心の円にテーマを書きます。

そして、テーマに関する具体をまわりの円に書いていきますが、それぞれの円に書くことの観点を、「観点1」「観点2」「観点3」の位置に書きます。観点の増減によって、中心を囲む円の数は変化します。

このチャートの特徴は2つあります。1つは、それぞれの円周が1つの観点の「層」になっていることです。もう1つは、1つの層に複数の事柄を書き込み、その外側や内側の層と関係づけることができることです。

観点1〜3のつながりを考え、**筋道立てることと、考えや根拠や理由を広げることの両立を図ることができる**チャートです。

物語を読んだときの感想を書くときや意見文を書くときなど、様々な使い道があります。

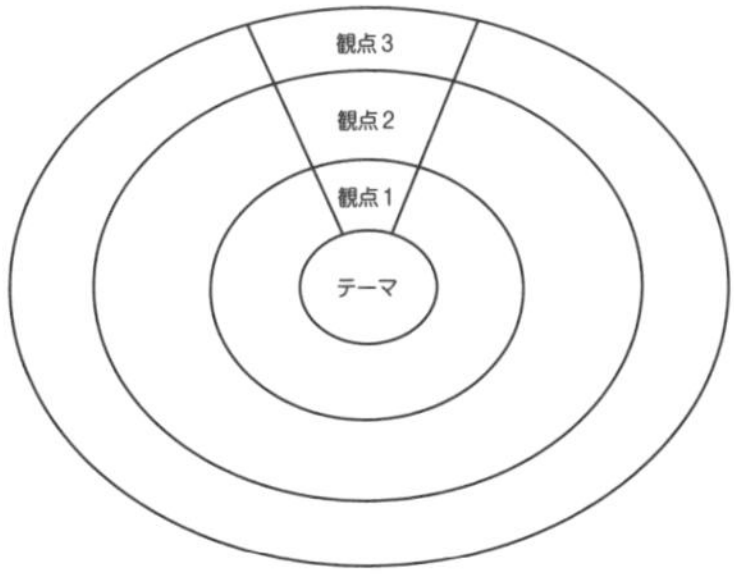

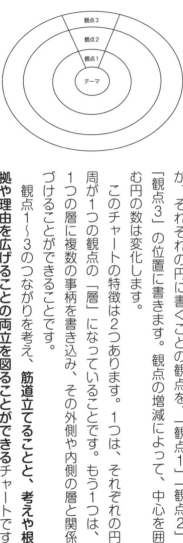

㉙棒グラフ

棒グラフは、**ある観点に対しての数値の大きさを棒の長さで表す**ものです。

算数では3年生で学習するものですが、イメージとしては低学年の子どもでもおおよそつかむことができます。

物語の読み取りを行うときに効果を発揮します。

ある対象に対する程度を比較するときなどに使うと、読みを深めることができます。

例えば、「スイミーの『勇気』は物語のはじめとおわりではどう違うか」など、登場人物1人に絞り、物語のはじめとおわりでの程度の違いを表すことができます。また、複数の人物について、観点を設定して程度の違いを表すこともできます。程度は子どもによりずれが見られるので、そのずれをきっかけにして読みを深めていくことができます。

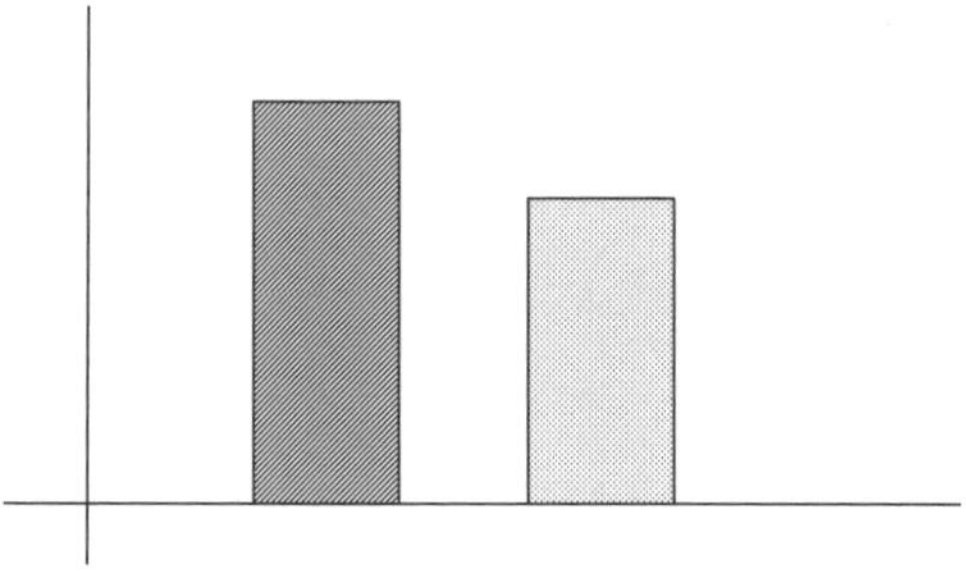

㉚物語の地図

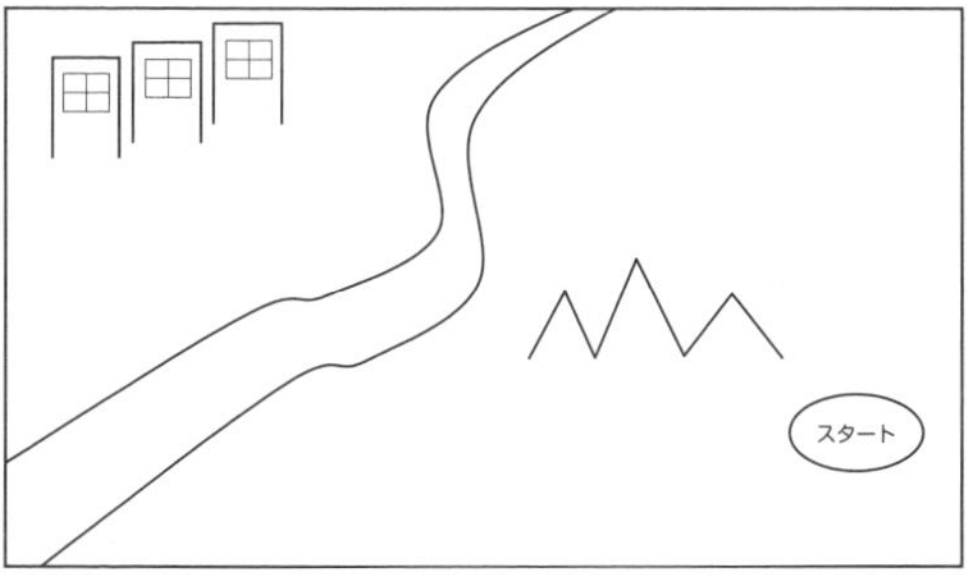

物語の流れをつかんでいくために、いつ・どこ・だれが出てくるかという設定やあらすじを表に端的にまとめていくことは効果的ですが、**中心人物の行動を地図に表していく**ことも、物語を詳しく読み取りつつ、流れを把握していくためには効果があります。

物語の地図をつくることにより、教材文の一つひとつの叙述に立ち止まることができます。

特に、登場人物が場所の移動をしていくような展開をとる物語の場合には、物語の流れをつかむためにとても便利です。例えば、2年生の「スイミー」や4年生の「初雪のふる日」などのように、登場人物が旅をしていく物語には最適です。

一方で、「大造じいさんとガン」のように、同じ場所で繰り返し物語が展開される物語で地図をつくるのは困難です。

㉛すごろくチャート

すごろくチャートは、**物語の創作をするときの構成を考えるためのツール**です。

どのような物語を組み立てていくかを構想する際に、テーマを考え、大きな4つあるいは3つのまとまりを考え、そしてそれぞれの場面の内容を考える…というように、だんだんと具体化していく方法もありますが、そうした場合、なかなかアイデアが出てこないこともあります。そういったとき、少しずつ考えていく方が、新しいひらめきが出てきて、楽しく創造的な物語をつくることができる場合もあります。

すごろくチャートは、中心人物を決めたら、ひとこまずつストーリーを考えていきます。前からのつながりをもたせたうえで、次のこまのことを主に考えればよいので、比較的手軽に物語の概略を考えることができます。

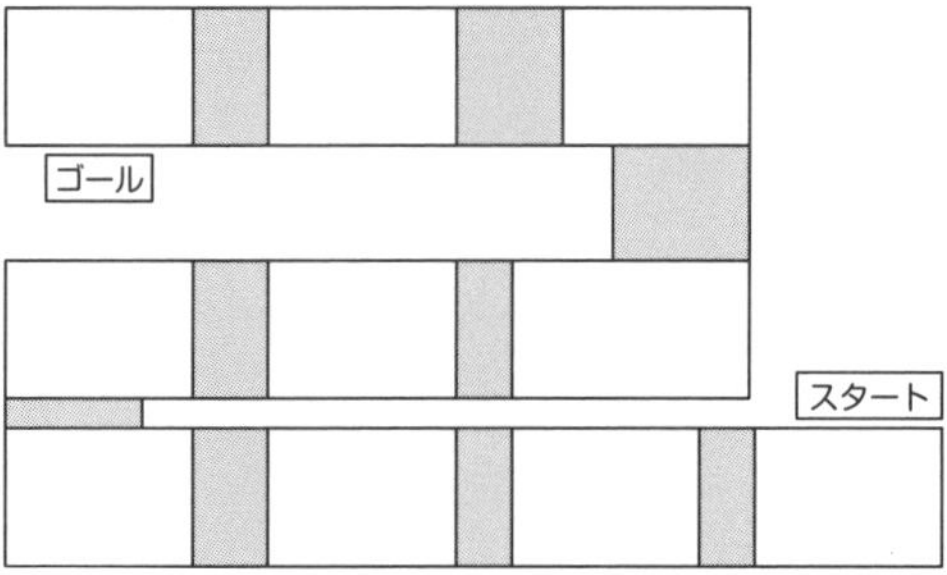

㉜座標軸

座標軸は、**縦軸と横軸に取った観点に沿って対象を分析し、4つのスペースに分けて入れていく**ものです。

こうすることで、大きく2つの観点で対象の特徴を分析していくことができます。

話し合いをする際、お互いの意見を整理するために使うと効果的です。

例えば、「食品ロスをなくす」というテーマで考えるときに、縦軸を「家族の協力が必要―1人でできる」、横軸を「すぐにできる―時間がかかる」とすると、それぞれの意見の傾向を整理することができますし、あげられている意見の少ないスペースについてさらに思考を促すことができます。

物語では、複数の登場人物の人物像を、座標軸を使って考えていくことができます。

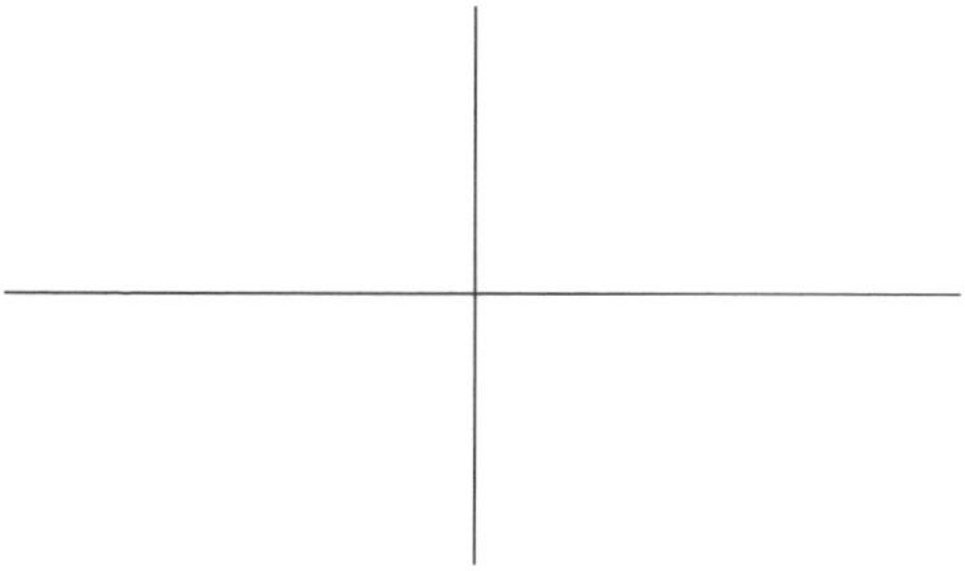

㉝フロー図

「フロー」とは、「流れ」です。

「流れ」には、一直線のものもあれば、途中で枝分かれをしているものもあります。

フロー図は、**単線での流れだけではなく、複線化した流れも表すことができます。**

作業の工程を示したり、プログラミングの工程を示したり、様々なところで使われています。

形は、文章構成図とよく似ています。

大きな違いは、文章構成図はすでにある情報を筋道立てて並べたものであるのに対して、フロー図は、これから行うことに対する計画を順序立てて並べたものであるという点です。

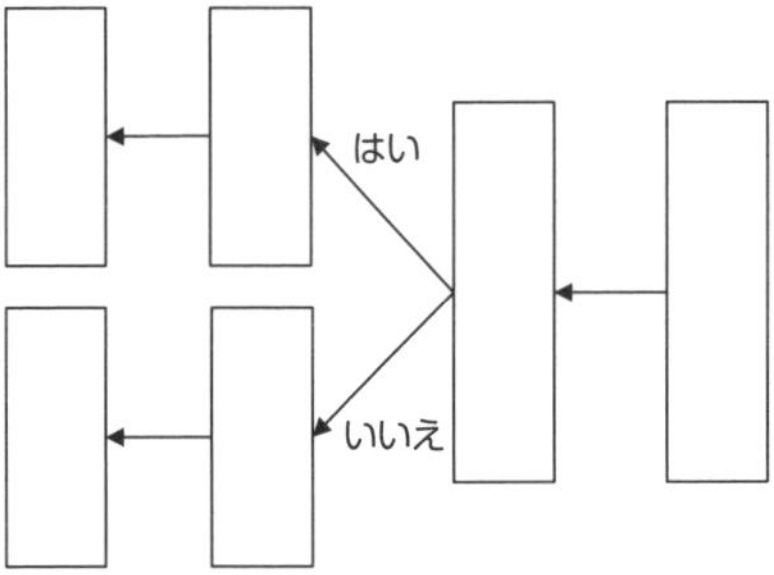

※フロー図はJIS規格に基づくフローチャート（Flowchart）からヒントを得ています。部品の形や向きなどを小学校国語向けにしています。

㉞意見文マップ

テーマに即して対象を見て、筋道立てた意見をつくるためには、複数の要素が必要になります。

まず、対象を多面的に見て「全体的な事実」を知ることが必要になります。次に、「観点」を設定します。

観点を設定したら、全体的な事実から「観点に沿った事実」をろ過して取り出します。観点に沿った事実を取り出したら、「理由」づけをして、「主張」を述べます。

理由づけの仕方により、観点に沿った事実の並べ方は変わってきます。

上の例では「比較」思考を使うために、観点に沿った事実を並べて違いが見えやすいようにしています。

このようにして意見をつくることができたら、文章化をしていきます。

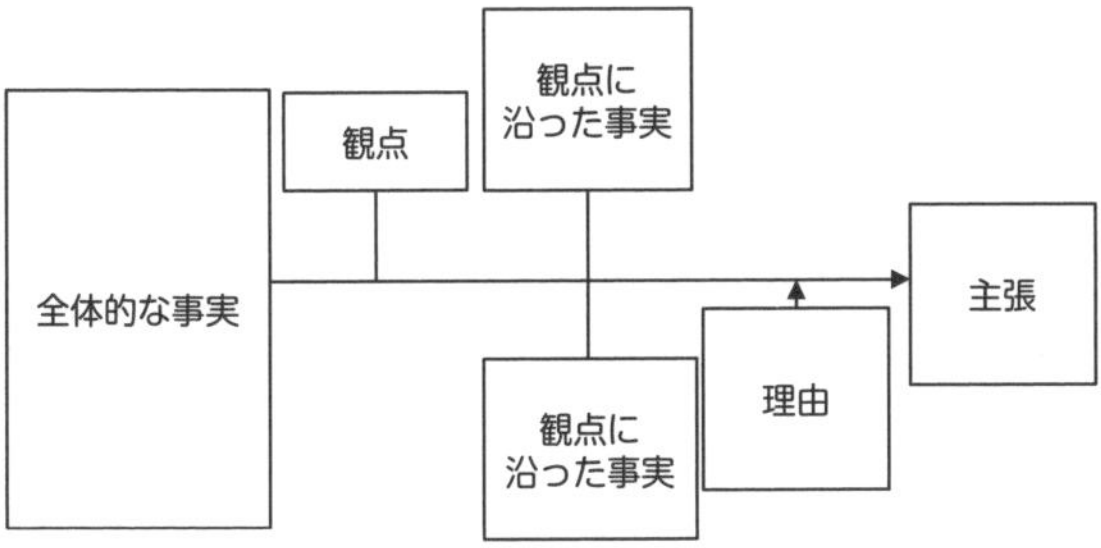

㉟ベン図

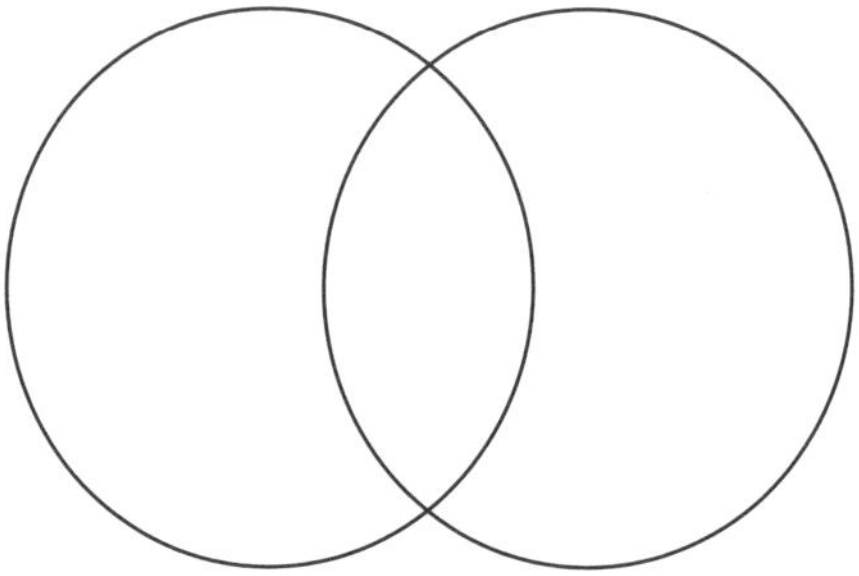

ベン図は、**複数の対象の具体的な事柄を取り出して位置づけ、比較する**際に用います。

ベン図のよいところの1つ目は、手軽に比較ができることです。観点を設定して筋道立てて、対象を比較することも論理的な思考を促すためには大切ですが、思いついたこと、見つけたことをまずあげてみることも、対象を多面的に見て比較するためには大切です。ベン図を使うことにより、事例をあげてから比較するまでの思考が比較的簡単に行えます。

よいところの2つ目は、相違点だけではなく、共通点も見つけることができることです。2つの円の重なっているところに共通している事柄を位置づけることにより、共通点をはっきりさせることができます。

㊱コンフリクトチャート

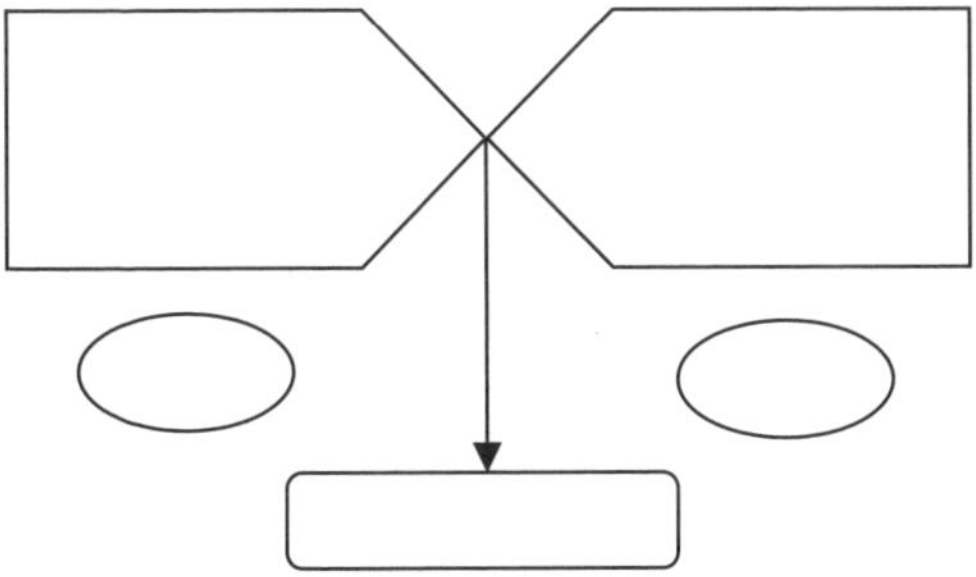

Aという考え方や立場と、Bという考え方や立場があり、それらについて検討することにより、主張を考えるということがあります。

コンフリクトチャートは、**2つの考え方の葛藤を図式化したうえで、それを解消するための方策を見いだし、解決した姿を示す**ものです。

上段左右の五角形が2つの対立する考え方を示します。中段左右の○は、解決に至った理由・原因を示します。下段の□は、解決した姿を示します。

解決した姿は、2つの対立する考え方のうちどちらを取る、両者のよいところを合わせる、検討の末、第三の考え方を採用する…など、柔軟に設定することができます。

㊲てんびんチャート

2つのものについて、根拠を示して比較をするためのツールが、てんびんチャートです。

左右の○の中には、対象それぞれの特徴などが入ります。特徴の量が多い方が、テーマに対する傾向がより顕著ということになります。

スピーチをしたり、文章を書いたりする際の取材段階の題材を決めるとき、何について取材をするか迷ったときにこのチャートを使って、話せたり、書けそうなことの見当をつけ、よりたくさんのことがあげられる方について取材を進めていくことができます。また、2つのことを比べて説明する文章を書くときに、両者の特徴をあげるためにも使えます。

物語を読むときに登場人物相互の個性を見つけていくときにも使うことができます。

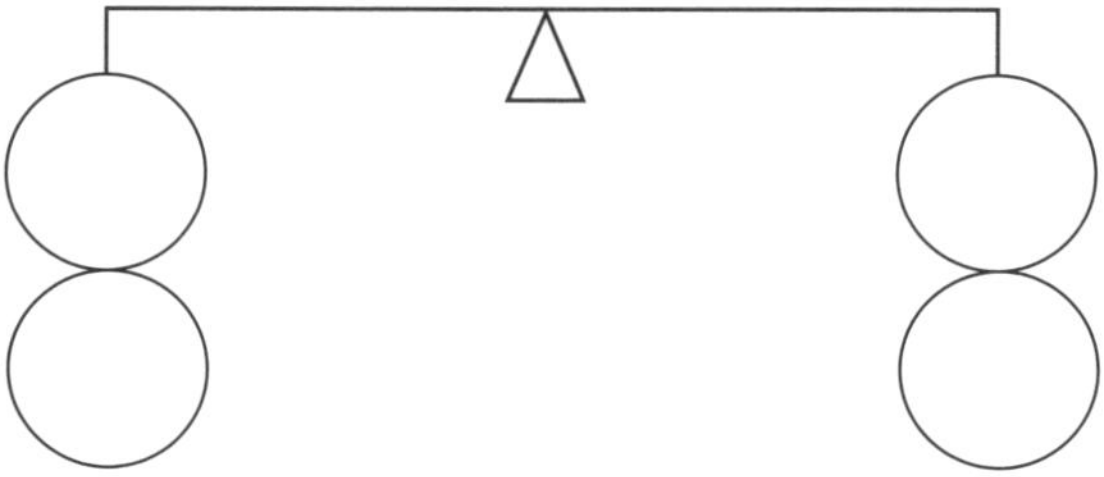

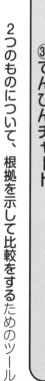

㊳H型チャート

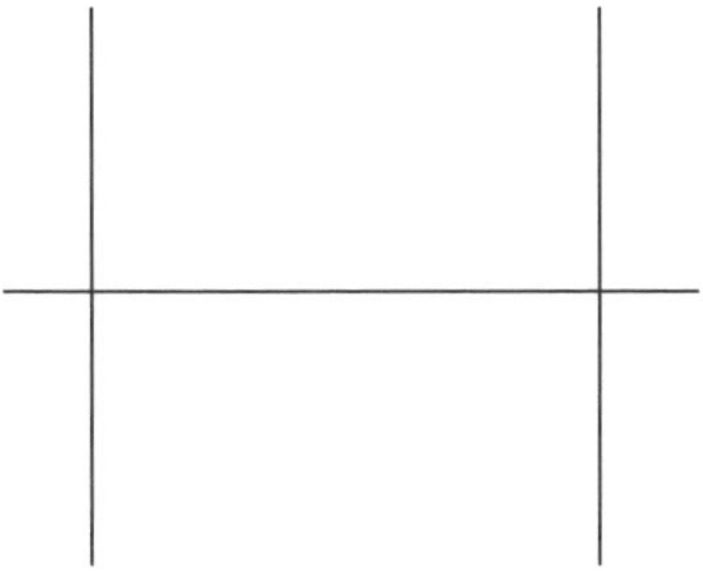

説明文に「はじめ・なか・おわり」があるように、文章には大きな区切りがあります。

その**区切りをはっきりさせる**ためのツールが、H型チャートです。

上の図は、右のスペース、真ん中のスペース、左のスペースと、三分割されています。

また、中央が横線で区切られています。

上段にはページ・行・叙述が入り、下段には読み手の考えが入ります。

このようにすることで、例えば、説明文であれば、「はじめ・なか・おわり」に区切ることの根拠となる叙述がそれぞれのスペースの上段に入り、下段にはそのようにすることの理由を書くことができます。

㊴聞き取りツリー

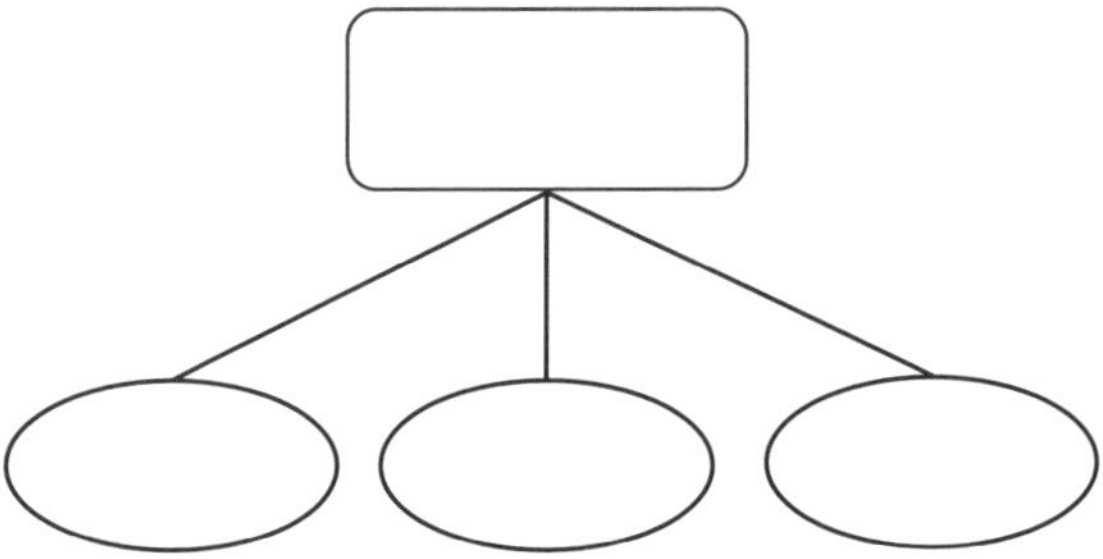

社会科見学や、総合的な学習の時間などでは、見学先の方のお話のメモを取る機会が多くあります。

子どもたちは、はじめは、説明内容などを一生懸命に聞き取り、書き取ろうとします。けれども、説明が長くなってくると、記録を取る子が少なくなっていきます。また、学校に帰ってきて記録を見ると、たくさん書いてあっても、肝心のことが書かれておらず、まとめをするのに使えない場合も多くあります。

こうなってしまう原因は、聞いたことを、端的にメモをする技術が身についていないからです。

聞き取りツリーは、**聞いたことをできるだけ短くメモし、同時にそれらの関係を整理していく**ためのツールです。

抽象的な話題を書き、その下に、具体的な事柄をぶら下げて書いていきます。

㊵ジグザグチャート

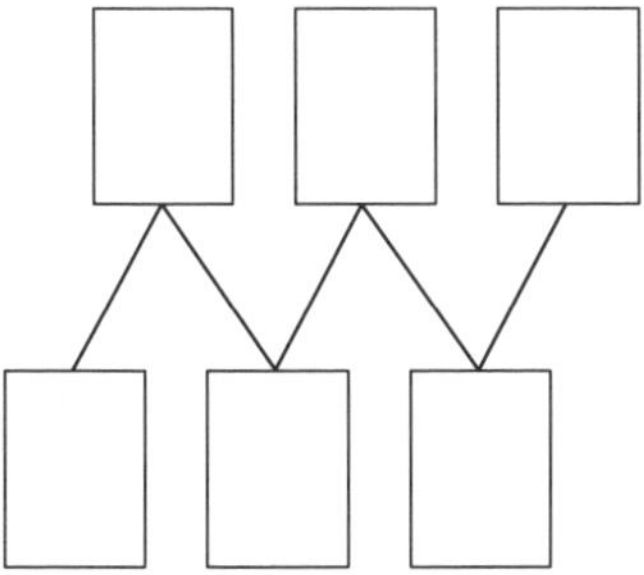

物語は、登場人物の相互作用によって展開していきます。登場人物の一方の言動は、もう一方に影響を与え、また、もう一方の言動も然りです。

このような登場人物の相互関係について捉えることは、特に5、6年では、学習指導要領にも「C 読むこと」(1)に「イ 登場人物の相互関係や心情などについて、描写を基に捉えること」とあるように、大切な学習内容です。

ジグザグチャートは、**登場人物の相互関係を捉えていく**ためのツールです。上段と下段は、それぞれの登場人物の言動が入ります。物語は展開しながら、登場人物が相互に作用し合っていきます。一方の人物のどんな言動や思いがもう一方の人物のどんな言動や思いにつながり、それがさらに相手に対してどのような影響を与えるのかを整理することができます。

第3章
40の思考ツールを活用した授業実践例

【ピラミッドチャート】

具体と抽象の関係を整理しよう

「和の文化を受けつぐ」（東京書籍五）

こんな場面で

本時は、「和の文化を受けつぐ」の第4時（全8時間）です。

これまでに子どもたちは、教材文を序論・本論・結論の3つに分けています。また本論の内容を読み取っていく段階のうち、本論一の「和菓子の歴史」については、前時に読み取っています。

本時は、本論二の「和菓子とほかの文化との関わり」の内容を読み取る時間です。本論の内容を読み取るためには、筆者の説明の仕方に沿って、書かれている事柄の関係を意識して整理していくことが効果的です。

説明的文章は、それぞれ特徴的な説明の仕方をしていますが、この教材の本論のうち

「和菓子とほかの文化との関わり」は、「抽象的なこと」をまず述べて、次におよそ二段階で具体化して説明しているという特徴があります。

そこで本時では、ピラミッドチャートを活用することによって、説明されている内容を「具体―抽象」の関係に整理して、内容の理解を図っていきます。

本時のねらい

ピラミッドチャートを活用して、本文を「具体―抽象」の関係に整理することで、内容を構造的に捉え、より確かに理解する。（学習指導要領のC⑴ア）

授業展開

①学級全体で取り組む

最初は一斉指導で、教科書に書かれていることをどのようにして階層化してピラミッドチャートにまとめていくのかを理解させます。

今日は、和菓子とほかの文化との関係を読み取っていきましょう。教科書に書かれていることを、「抽象」、つまり、まとめたことと、詳しいことの「具体」に整理してみましょう。

では、「ももの節句」についてやってみましょう。ピラミッドチャートの一番上に「ももの節句」と書きましょう。では「ももの節句」で食べる和菓子は何でしょう。

「ひしもち」です。

「草もち」です。

ひしもちや草もちは、詳しいことなので、チャートの一番下に書きましょう。

ひしもちや草もちには、どんな願いが込められていますか?

「わざわいをよせ付けないように」という願いです。

そうですね。では「わざわいをよせ付けないように」は真ん中のところに入れましょう。ピラミッドチャートは上からだんだんどうなっていますか。

だんだん詳しくなっています。

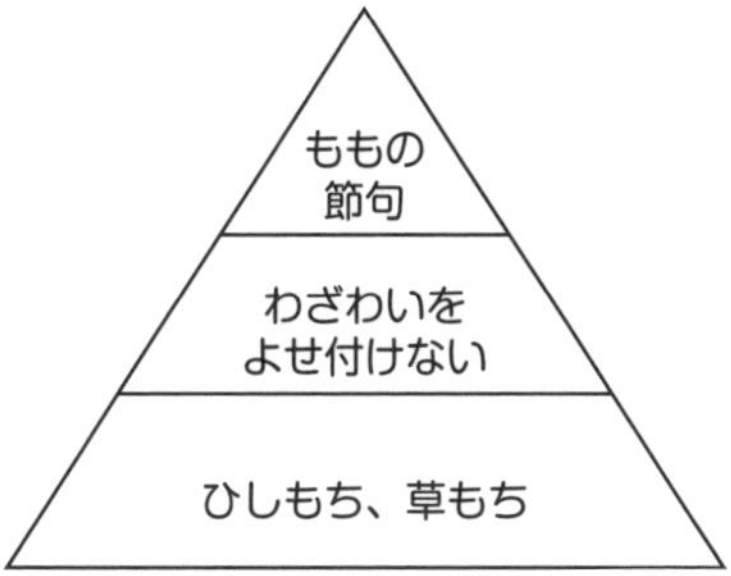

②個人追究を行う

一斉指導では、「和菓子とほかの文化との関わり」のうち、年中行事の1つ目に書かれている「ももの節句」について取り上げてモデル学習を行い、「具体―抽象」の関係で説明内容を整理する方法を理解させます。

ここで取り組んだことを基にして、今度は他の事例について、各自でピラミッドチャートにまとめます。まず、1人で考えることによって、試行錯誤しながら、「具体―抽象」の考え方を使い、ピラミッドチャートへの整理をしていきます。

では、「たんごの節句」については自分でピラミッドチャートにまとめてみましょう。

各自の取組の後、ペアで見合い、一斉指導の形にしてクラス全体で確認します。

【ウェビングマップ】

俳句で書きたいことを広げよう

●●●「日常を十七音で」（光村図書五）

こんな場面で

本時は、「日常を十七音で」の第2時（全3時間）です。

前回の授業では、モデルとなる俳句を読み、鑑賞し合い、表現の特徴などについて学習してきました。

しかし、モデルとなる俳句のよさを出し合っただけでは、自分で俳句をつくるまでには至りません。俳句にするだけの題材が必要となり、題材について、詳しいことを想起できる状態をつくっておく必要があります。

そこで、子どもたちは、モデルとなる俳句の鑑賞をした後に、自分がどんなことをテーマにして俳句をつくりたいのかを考えます。

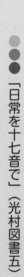

俳句には必ず季節感が必要となります。そこで、前時にモデルとなる俳句の学習後、「梅雨」「あじさい」「蒸し暑い」など、6月にちなんだことについて出し合い、大まかなテーマについての共通理解をしました。

各自で俳句にしたいテーマを意識したら、次は、具体的にどんなことを俳句にしたいかを考えてきています。

俳句をつくるときには、表現技法で彩りを添えることも大切ですが、題材となる言葉からの多面的な発想が重要になります。多面的な観点があると、想像することが苦手な子にとっては助けになりますし、でき上がった俳句にも豊かさと奥行きが出ます。

そこで本時では、ウェビングマップを活用し、題材に対して多面的な発想をしていきます。

本時のねらい

ウェビングマップを活用して、題材から多面的に発想することで、俳句にまとめていきたい材料をもつことができる。（B⑴ア）

授業展開

①学級全体で取り組む

まず、前時各自が考えた俳句のテーマになる題材を確認します。

そのうえで、題材を多面的に見て、発想を広げていくための「観点」について共通理解を図ります。

基本的な観点として**五感**を提示します。

俳句をつくって、短い言葉で自分の思ったことを表してみましょう。まず、前回自分が考えた今月6月に関係することを確かめましょう。

梅雨。
あじさい。
かたつむり。

選んだ言葉を中心に置いてウェビングマップをつくり、言葉から思い浮かぶものを広げていきましょう。中心に置いた言葉をいろんなところから見るために、中心に

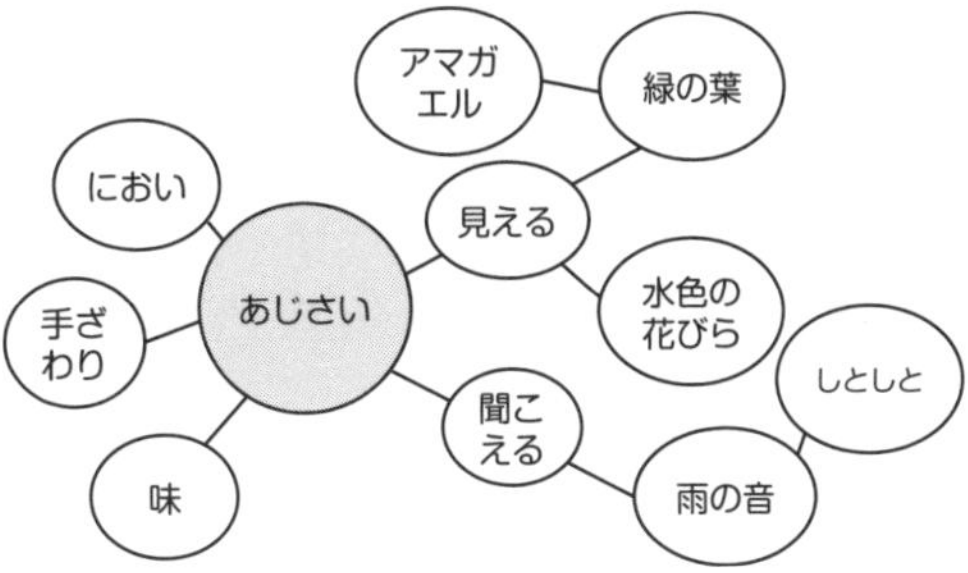

置いた言葉の外側に「見える」「聞こえる」「におい」「手ざわり」「味」の5つの言葉を書きましょう。
そうしたら、その言葉に合ったことを書いていきましょう。
まず、先生と一緒に1つつくってみましょう。

この授業では、中心に置いた言葉からまったく自由に発想していくのではなく、五感に基づいた観点を設定して、それに基づいて発想を広げていきます。

自由に連想していく場合だと、子どもたちに多様な観点が備わっていない場合には、かえって連想の範囲が狭くなってしまいます。

ここで観点を明示して子どもたちとウェビングマップをつくる学習を行うことによって、次に自分でウェビングマップをつくっていく際、観点を明示しなくても五感で考えることが期待できます。

さて、子どもたちに示す五感のうち、中心に置いた語からの連想に当てはまらないものがあります。

例えば「あじさい」を中心に置くと、あじさいを食べることは滅多にないので「味」の観点からは、言葉が広がることはありません。

このように中心においた語に関して当てはまらない観点については書かないでよいことも示します。

②個人追究を行う

次は、自分が俳句にしてみたいことを中心にして、それぞれでウェビングマップをつくってみましょう。

教師と一緒にウェビングマップをつくってみたら、今度は各自でウェビングマップをつくっていきます。

このとき、観点が明示され、モデル学習を行ったにもかかわらず、なかなかウェビングマップが展開していかない子どももいます。

そこで、個人追究の時間が5分くらい経過したところで、隣の席同士で書いたことを交流させます。

こうすることで、お互いの発想の仕方を知ることができ、なかなかウェビングマップが進まない子にとっては、マップを広げるための手がかりを得ることができます。

③オノマトペや比喩を書き込む

広げた言葉について、オノマトペを使ったり、比喩を使ったりして修飾することも、表現が豊かな作品になる手立てです。

さらに、例えば「見えるもの」として「緑色の葉」、そこから「葉っぱにとまっているアマガエル」など、広げた言葉からさらに言葉を広げていくようにすると、より一層豊かな言葉に満ちた作品ができ上がります。

【クラゲチャート】

大豆からできる食品をまとめよう

「すがたをかえる大豆」（光村図書三下）

こんな場面で

クラゲチャートは、「話すこと・聞くこと」領域でスピーチをつくる場合や、「書くこと」領域で根拠や理由をもった文章を書く場合に使われることが多いのですが、複数の具体例が並列的にあげられ、結論が導かれているような説明文の内容を読み取る際にも効果を発揮します。

そこで、ここでは、「すがたをかえる大豆」の読み取りでの活用例を紹介します。

本時は、第4時（全7時間）です。

これまでに子どもたちは、教材文をはじめ・なか・おわりの3つに分けています。

本時で子どもたちは、大豆を使った食品を見つけて、「工夫」「つくり方」「食品名」の観点でクラゲチャートに整理していきます。

教材文には、1つの工夫について、食品の名前とつくり方が書かれています。そこで、クラゲチャートの足も少し工夫して、左のように1つの工夫についての足に節をつけます。

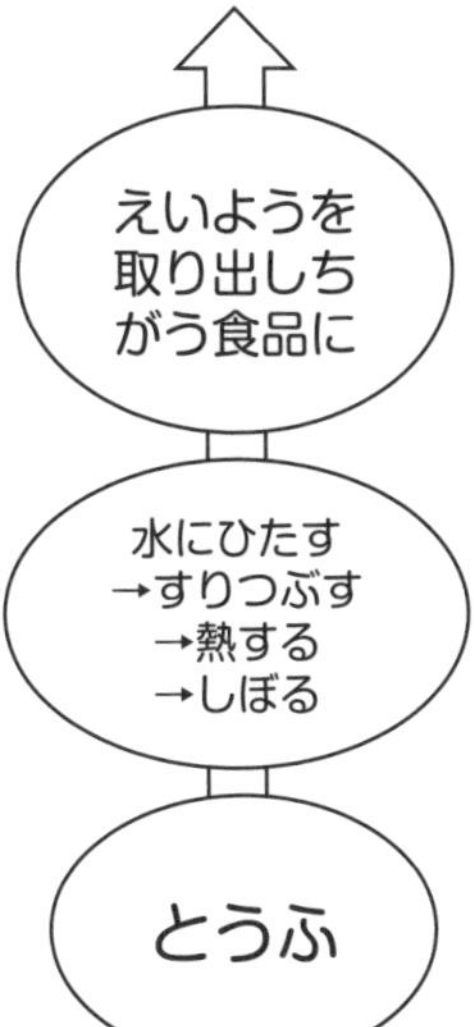

ここでつくったクラゲチャートは、この後の「書くこと」領域の教材「食べ物のひみつを教えます」を学習する際の図書館等での調べ学習で、調べたことを整理する際にも役立てることができます。

本時のねらい

クラゲチャートを活用して、本文から、大豆を使った食品づくりの「工夫」「食品名」「つくり方」を取り出すことができる。(C(1)ウ)

授業展開

①学級全体で取り組む

最初は「工夫」「つくり方」「食品名」の取り出し方を学級全体に指導します。

今日はそれぞれの段落に書かれている大豆を使った食品の工夫についてクラゲチャートにまとめていきます。三段落をみんなでやってみましょう。三段落で書かれている工夫は何ですか?

「いったり、にたりして、やわらかく、おいしくするくふう」です。

それを一番右の足の一番上の丸の中に書きましょう。

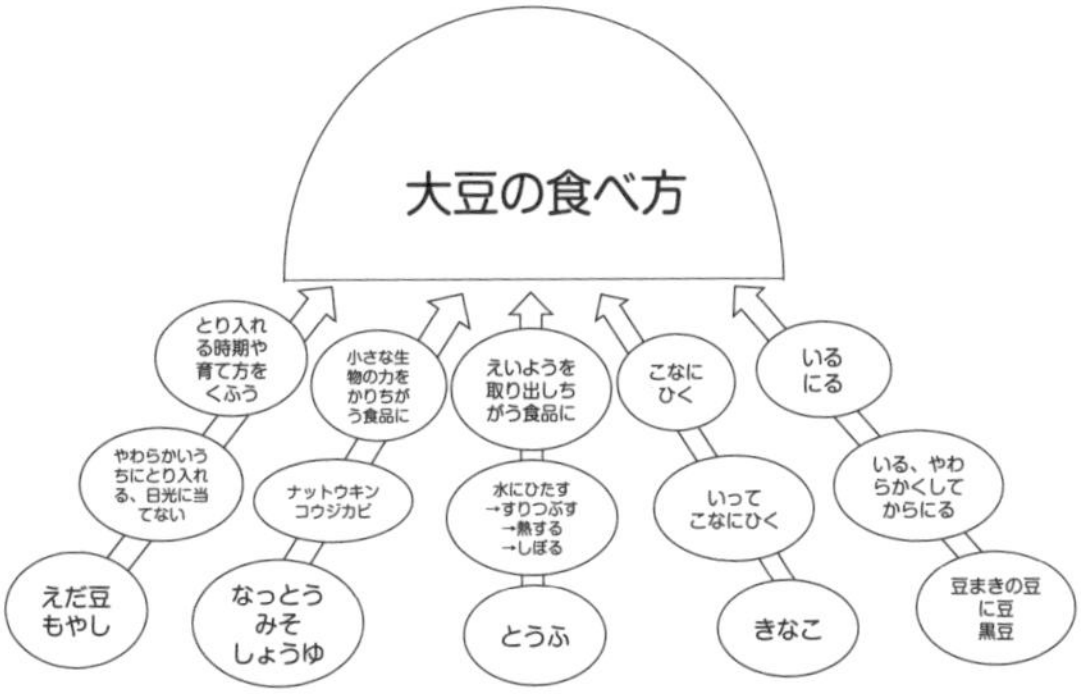

つくり方は書かれていますか？
「水につけてやわらかくしてからにる」があります。
一番右の足の上から二番目の丸の中に書きましょう。

食品の名前は何ですか？
豆まきの豆と…。
一番右の足の上から三番目の丸の中に書きましょう。

ここで、上の丸には工夫、真ん中の丸には少し詳しいつくり方、下の丸には食品名を書くことを確認します。

②個人追究を行う

個人で、クラゲチャートをつくっていきます。机間指導の際には、上から工夫↓つくり方↓食品名の順に並べるよう声がけしていきます。各自の取り組みの後、ペアで見合い、一斉指導の形にしてクラス全体で確認します。

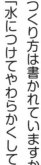

【フィッシュボーン】

太一に影響を与えた存在について分析しよう

「海のいのち」（東京書籍六ほか）

こんな場面で

フィッシュボーンの機能として優れているところは、テーマについて複数の観点を設定して、具体的に分析できる点です。

そうすることによって、子どもたちに多面的な見方・考え方を育てていくことができますし、対象に対する理解も妥当性を増します。

この機能は物語の読み取りにも生かすことができます。

「海のいのち」（全10時間）で、「クエと対峙した太一は、なぜクエを打たなかったのか」を学習課題とし、その理由として、教材文に登場した「おとう」「母」「与吉じいさ」「クエ」の影響を分析する授業の際の活用例を紹介します。

本時のねらい

フィッシュボーンを活用して、「おとう」「母」「与吉じいさ」「クエ」が太一にどのような影響を与えていたのかを理解することができる。(C(1)イ)

授業展開

①学習課題を設定し、課題解決の見通しをもつ

まず、本時の学習課題「クエと対峙した太一は、なぜクエを打たなかったのか」を設定します。

次に、太一に影響を与えた存在として、「おとう」「母」「与吉じいさ」「クエ」を確認します。

太一はそれぞれの存在から大きな影響を受けていると思います。そこで今回はフィッシュボーンを使って、それぞれの存在からの影響を考えてみましょう。

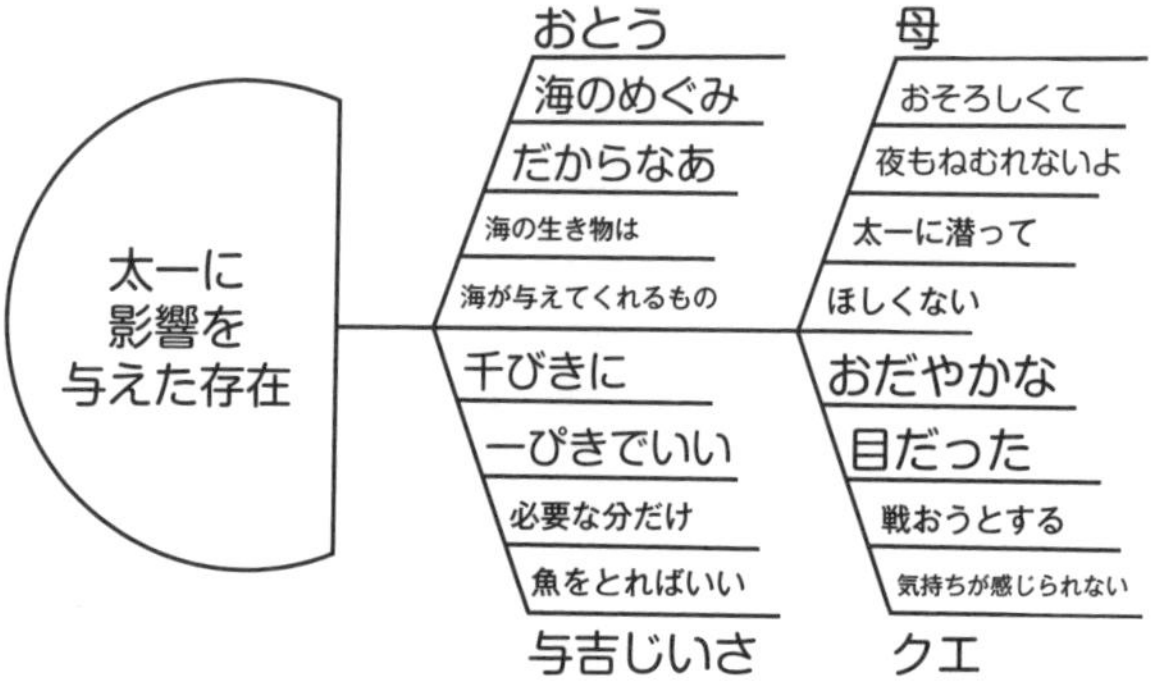
太一に影響を与えた存在
おとう
海のめぐみ
だからなあ
海の生き物は
海が与えてくれるもの
千びきに
一ぴきでいい
必要な分だけ
魚をとればいい
与吉じいさ
母
おそろしくて
夜もねむれないよ
太一に潜って
ほしくない
おだやかな
目だった
戦おうとする
気持ちが感じられない
クエ

自分が分析したい存在の名前をフィッシュボーンの外側に書きます。次に上から2つの枠に、その存在の行動・様子・会話文を書きます。そうしたら、その下2つの枠にそれらに込められた気持ちや意味を書きます。

書き方を説明したら、各自にフィッシュボーンをつくらせていきます。

②個人追究を行う

考えやすいところから個人で考えさせていきます。

③協働追究を行う

各自が考えた結果を交流していきます。

「おとう」についてはどうなりましたか？

「海のめぐみだからなあ」から、海でとれる生き物は、海が与えてくれるものだと思っていたことがわかります。

「だれにももぐれない瀬に…」から、おとうは、一番の腕前をもっていた漁師だということがわかります。

このようにして、それぞれの存在について各自が分析した結果を発表し合います。

また、それぞれが叙述から考えた気持ちや意味についての考えを出させ、読み取りを深めていきます。

その後、これまで出された意見を基にして、クエを目の前にした太一がどのようなことを思っていったのかについての考えをノートに書かせ、発表し合っていきます。

4つの存在それぞれからの影響を並列的に書かせてもよいですし、複数の存在からの影響をまとめたり、比較して書いたりしてもよいでしょう。

【マトリクス】

物語のはじめとおわりを比べよう

「一つの花」（光村図書四上ほか）

こんな場面で

物語の基本構造は、「導入・展開・山場・結末」です。「結末」をもつ物語の多くは、「導入」と「結末」が呼応するようになっています。

その呼応を読み取ることで、物語を一層深く味わうことができます。

特に、「ちいちゃんのかげおくり」や「一つの花」といった平和教材は、「山場」の場面の読み取りでは、子どもたちに悲しい物語という印象を強く与えるのですが、「導入」と明るい色調で描かれた「結末」を対比させることで、平和のありがたさ、平和を大切にしたいといったプラス思考の読みもつくることができます。

そのためにまず、マトリクスを使い、観点を設定して、「導入」と「結末」に書かれていることを取り出します。

そのうえで、両者を比較します。

「一つの花」（全7時間）で、「物語から伝わってくることを感じ取ろう」を学習課題とし、「導入」と「結末」を比較する授業の際の活用例を紹介します。

本時のねらい

マトリクスを使い、観点に沿って「一つの花」の「導入」と「結末」に書かれていることを取り出し、比較することで、テーマを考えることができる。(C(1)オ)

授業展開

①学習課題を設定し、課題解決の見通しをもつ

まず、本時の学習課題「物語から伝わってくることを感じ取ろう」を設定します。

次に、マトリクスを使った学習の進め方について知らせます。

そしてマトリクスのつくり方を説明し、観点を1つ設定してモデル学習を行います。

マトリクスの右側に上から順に「物語の始まり」「物語の終わり」と書きます。一番上のところには、始まり、終わりのそれぞれの場面に書いてあることを見るポイントを書きます。1つみんなでやってみましょう。ポイントのところに「時」と書きます。始まりでは、「時」はいつでしたか？

「まだ戦争のはげしかったころ」です。

では、終わりでは、「時」はいつですか？

「それから、十年の年月がすぎました」です。

このようにして、モデル学習を行ったら、個人追究で各自に観点を設定させ、マトリクスをつくらせていきます。

②個人追究を行う

個人で観点を設定させて、マトリクスをつくらせていきます。

	時	食べ物	ゆみ子の言葉	まわりの様子
物語の始まり	まだ戦争のはげしかったころ	おいも 豆 かぼちゃ	一つだけちょうだい	町は、次々にやかれて、はいになっていきました
物語の終わり	それから、十年の年月がすぎました	魚 肉	母さん、お肉とお魚とどっちがいいの	とんとんぶきの小さな家は、コスモスの花でいっぱいに包まれています

③協働追究を行う

各自が考えた結果を交流していきます。「食べ物」「ゆみ子の言葉」「まわりの様子」については、確実に出させます。もし、個人追究で出なかったら、協働追究の中で確認していきます。

クラス全体でマトリクスを完成させたら、観点に沿って取り出した事柄を比較させます。このときに「物語のはじめでは、…だったけれど、物語の終わりでは、…になっている。比べると、…ということが伝わってくる」のようなフォーマットを示して考えさせると、比較思考を自然に促し、テーマを深く考えさせることができます。

各自で考える時間を取った後、考えたことをクラス全体で交流し、お互いの考えを参考にして、自分の考えを仕上げていきます。

【ダイヤモンドランキング】

私たちのグループの目標を決めよう

「グループの合い言葉をきめよう」（東京書籍三上）

こんな場面で

ダイヤモンドランキングは、複数の事柄を比較し、順位づけをするために効果的なツールです。

その際、順位づけをするための基準に照らし合わせて比較する思考や、観点に沿って複数の事柄を分類する思考を育てていくことができます。

取材したことからスピーチや意見文の材料を選ぶといった、個人で行う場合には、集めた事柄の数がさほど多くないので取り組みやすいと思いますが、複数人で話し合いながら順位づけを行う場合には、集めた事柄や参加人数が多いと、情報量の多さに整理が追いつかなかったり、それぞれの参加者の基準が異なっていたりして、なかなか進みにくくなります。そこで、4人グループぐらいの少人数で、1人が1つずつのアイデアを持ち寄り、検討するといったスタイルが効果的です。

ここでは、「2学期のグループの目標を決めよう」（もとになる教材「グループの合い言葉をきめよう」）での活用例を紹介します。

本時は、第6時（全7時間扱い）です。

これまでに子どもたちは、2学期にグループみんなでがんばりたいことを各自で考えています。本時は、各自が考えてきたグループ目標案を比較して、グループ目標を決めていく場面です。この授業では、グループごとにダイヤモンドランキングの枠をA3判程度の紙に印刷したものが1枚必要になります。また、各自が考えた目標案を書いた短冊が必要になります。短冊の大きさは、A3判の用紙に並べて置いたときに、すべての短冊がダイヤモンドランキングの枠の中に入りきり、十分な余白がある程度のものとします。

本時のねらい

ダイヤモンドランキングを活用して、目標案を比較、順序づけし、2学期のグループの

目標を決めることができる。（A(1)オ）

授業展開

①各自の考えを発表し合う

まず、お互いの考えを発表させます。

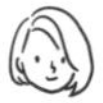

ダイヤモンドランキングを使って、みなさんが考えた目標を比べて、1つを選びましょう。まず、それぞれが考えた目標を、理由を言ってからダイヤモンドランキングの枠のそばに置いていきましょう。

②話し合い、順序づけをする

各自の考えが発表されたら、どの目標案にするのかを話し合って決めていきます。順位を決めていくときには、必要に応じて、お互いの考えで仲間になるもの同士で仲間分けして選択肢を絞り、そのうえで「グループの目標としてふさわしいもの」を選ばせます。

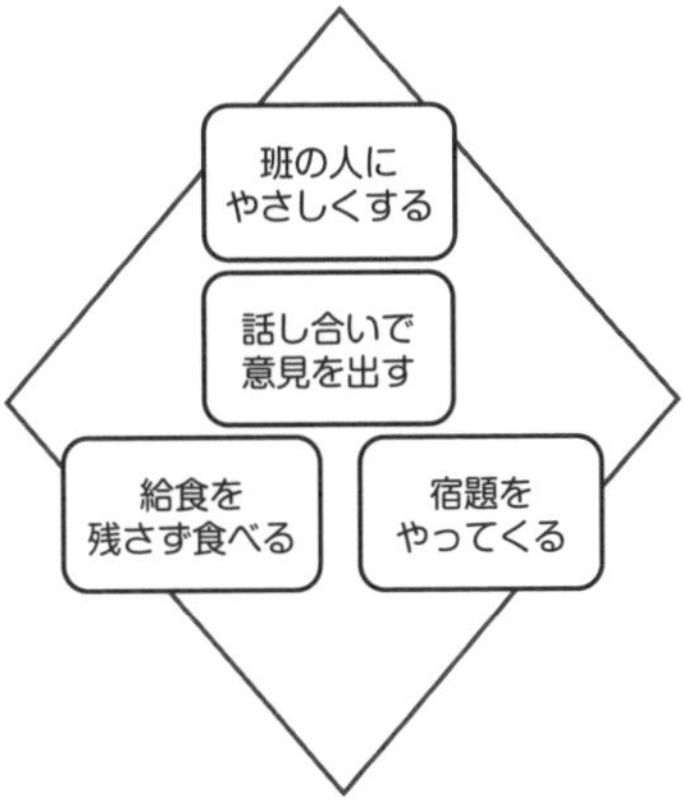

さんの「給食を残さず食べる」は個人の目標で、グループの目標にはならなそう。

そうか。ぼくの「宿題をやってくる」も個人のことだね。2つは並べておこうか。

じゃあ、さんの「班の人にやさしくする」とさんの「話し合いで意見を出す」のどちらにしようか。

「話し合いで意見を出す」ことは、グループでの話し合いのときに意見がいっぱい出そうだからいいね。

でも、難しい問題のときは意見を言えない人もいるから…

このようにして話し合い、結果をランキングの枠に整理していきます。

【論証チャート】

どんな隠れ方をしているのかまとめよう

「自然のかくし絵」（東京書籍三上）

こんな場面で

「根拠」「理由」「主張」の3つをそろえることは、その子が伝えたいことを筋道立てて述べることにつながるよさがあります。そうすることで、説得力のある考えを相手に伝えていくこともできます。論証チャートの「根拠」「理由」「主張」それぞれの要素を埋めて、スピーチや意見文をつくる基として活用することもできますし、説明文の読み取りを行う際にも、論証チャートを使い、「事例」「理由」「筆者の考え」をきちんと区別して読むことで、文章の内容を一層正確に理解することができるようになります。そうすることで、筆者の論理に飛躍がある点を見つけることもできます。

ここでは、「自然のかくし絵」（全10時間扱い）での活用例を紹介します。

本時のねらい

昆虫の隠れ方をまとめていく場面で、論証チャートを活用することにより、それぞれの昆虫の隠れ方を正確に理解することができる。（C⑴ア）

授業展開

①学級全体で取り組む

最初は一斉指導で、教科書に書かれていることをどのようにして階層化してピラミッドチャートにまとめていくのかを理解させます。

昆虫の隠れ方を3点セットにまとめましょう。コノハチョウの例をみんなでやってみましょう。まず、コノハチョウの特徴は何でしょうか？

コノハチョウの羽の裏は枯れ葉のような色で、羽を閉じたときの形は木の葉そっくりです。

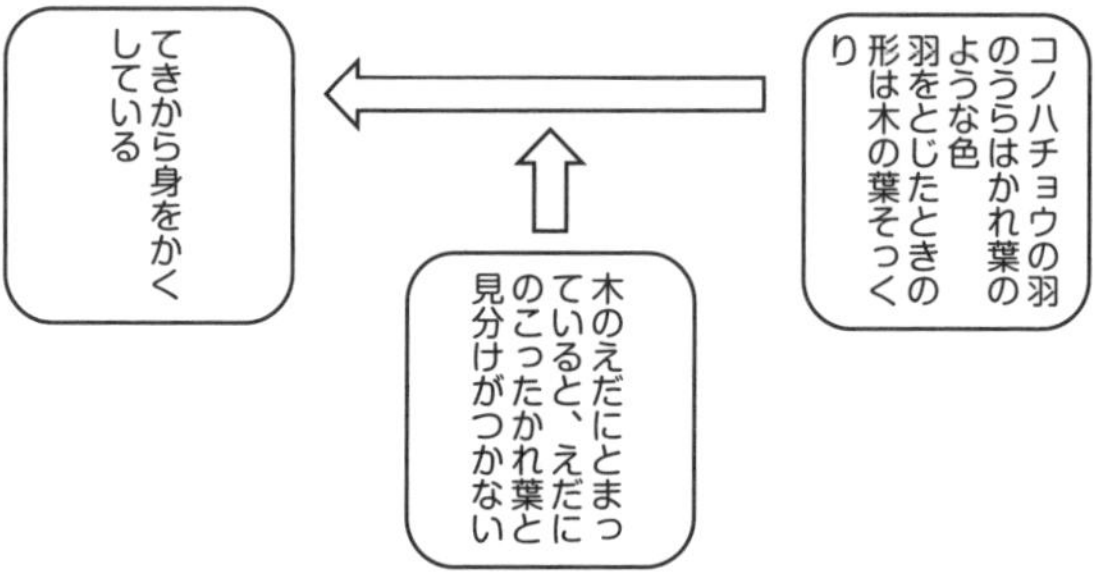
コノハチョウの羽のうらはかれ葉のような色
羽をとじたときの形は木の葉そっくり
木のえだにとまっていると、えだにのこったかれ葉と見分けがつかない
てきから身をかくしている

その結果、コノハチョウは何をすることができますか？
敵から身を隠すことができます。
なぜ葉の色が枯れ葉の色のようで、形が木の葉そっくりだと、敵から身を隠すことができるのでしょう？
木の枝に止まっていると、枝に残った枯れ葉と見分けがつかないからです。

このようにして、「根拠」「理由」「主張」のそれぞれの要素をあげさせて、論証チャートに書き込ませます。

子どもたちに、3つの要素についての該当箇所を見つけさせていくときには、まず、「根拠」を尋ねて、次に「主張」を尋ねてから、「なぜ『根拠の内容』だと『主張の内容』になるのでしょうか」という発問の順にします。

そうすることで、子どもたちにとって、意見が出しやすくなります。

②個人追究を行う

全体指導によって、論証チャートの要素の見つけ方や書き方を理解させたら、残りの昆虫について、各自で論証チャートにまとめさせていきます。

「自然のかくし絵」の場合には、その他の事例も、主張は「てきから身をかくしている」でそろえさせます。

③学級全体で取り組む

各自で論証チャートをつくることができたら、ペア、グループ等でお互いの考えを確認した後、再び全体追究の時間を取り、各自が考えた論証チャートの内容を発表し合い、検討としていきます。

ただし、説明文の論理展開の仕方により、「根拠」「理由」「主張」を論証チャートにまとめやすいものと、まとめにくいものがあります。

はじめはまとめやすいものから取り組むことで、子どもたちに、論証チャートの形で要素を取り出して整理することのよさを実感させます。

【トゥールミンモデル】 ●●● 「世界に目を向けて意見文を書こう」（東京書籍六）

データを基にして意見文を書こう

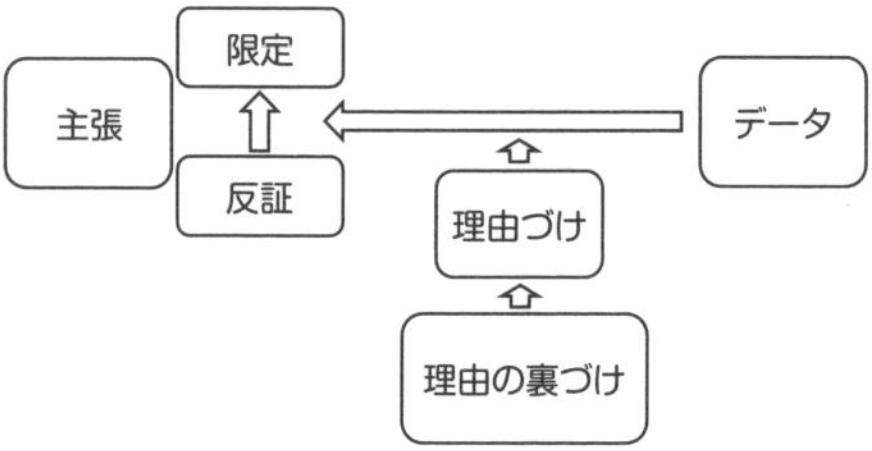

こんな場面で

「根拠（データ）」と「理由（づけ）」に、「理由の裏づけ」「限定」「（主張に対する）反証」の3つの要素を加えて「主張」をすることで、「根拠」「理由」「主張」の3つの要素から論をつくるよりも、一層精緻で説得力のある論をつくることができます。

高学年になった子どもたちは、それまでに比べて、生活の範囲が広がります。交流する範囲も広がります。

児童会活動等では、低学年の子どもたちに行事などの説明をすることが求められたり、顧問の教師に自分が行いたい活動についての説明をしたりする状況も生まれます。

また、中学校に入学し、様々な小学校から集まってきた仲間や先輩、教科担任、部活動の顧問と円滑なコミュニケーションを取る力をつけておく必要があります。

要するに、高学年の子どもには、様々な立場の人に対して自分の考えを正確に伝え、理解してもらう力が求められるわけです。

要素の多いトゥールミンモデルは難しいのですが、これに挑戦する中で、「他の人に納得してもらうためには、どのような要素で筋道を立てて自分の考えをつくって表現していくことが大切か」を考えることそのものに価値があります。

ここでは、「世界に目を向けて意見文を書こう」（全7時間扱い）での活用例を紹介します。本時は、教材を読み、単元全体の学習課題を設定した授業の次の時間です。

本時のねらい

フェアトレードをテーマに、筋道立った考えを、トゥールミンモデルを活用しながら組み立てることができる。(B(1)ア)

授業展開

本教材には資料が8つあります。トゥールミンモデルをつくっていくためには、「理由の裏づけ」が必要になるので、本教材以外でトゥールミンモデルを活用して実践する場合には、特に「理由」の確かさを高める「理由の裏づけ」となる資料が必要です。

学級全体で取り組む

本時は学級全体で1つのトゥールミンモデルをつくります。考え方に慣れさせ、次時以降、各自の活動を展開します。

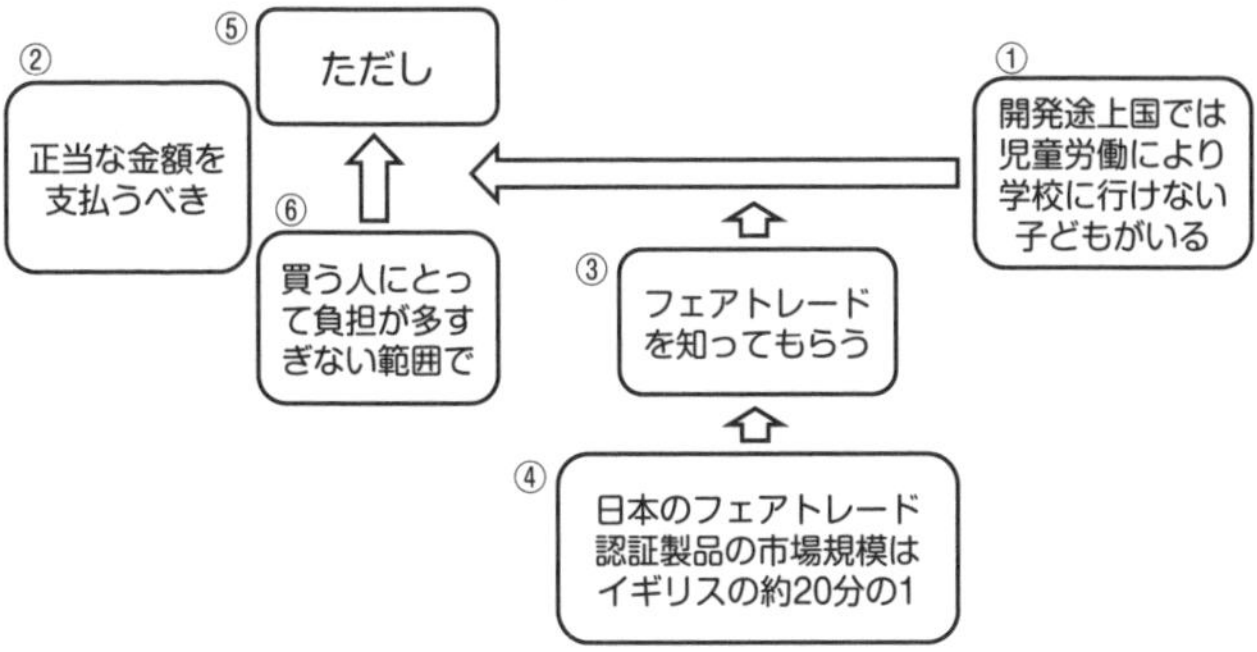

まず、問題となることと、どうしたらよいかを考えましょう。

開発途上国では…

考えていく要素の順は、次の通りです。

①データ　→　②主張　→　③理由づけ　→
④理由の裏づけ　→　⑤限定　→　⑥反証

その際に、「理由の裏づけ」となるものを資料から見つけるということにすると、活動が円滑に進みやすくなります。

【心情曲線】

かえるくんとがまくんの気持ちを想像しよう

●●●「お手紙」（光村図書二下ほか）

こんな場面で

物語を読む楽しさの1つは、登場人物に自分を重ねて読み、登場人物の気持ちになってみて、様々な出来事を疑似体験することです。

そのために、多くの授業では、「このとき登場人物はどんな気持ちだったのでしょう」とか「なぜこのようなことをしたのでしょう」といった発問がなされます。とても大切なことなのですが、気持ちを想像してはいても、「どんな気持ち」とか「なぜ」と聞かれると答えに詰まってしまう子は多くいます。

このように、ストレートに気持ちを尋ねると答えることが難しい場合、気持ちを心情曲線で表現させると、楽しく、円滑に活動を進めることができます。

ここでは、「お手紙」（全12時間扱い）での活用例を紹介します。全文の通読をし、初発の感想を書いた時間の次に行います。登場人物の気持ちを追うことを通して、物語の内容の大体を捉えていきます。この活動で内容の大体を捉えさせたうえで、この次の時間から、場面の読み取りを行っていきます。

本時のねらい

かえるくんとがまくんの心情曲線をかき、説明し合うことを通して、物語の大体を捉えることができる。（C(1)イ）

授業展開

はじめに、物語の導入の部分に関して、教師モデルを示して、子どもたちに活動のイメージをもたせます。ここでは、学級全体として統一した心情曲線にするのではなく、あくまでも教師モデルの制作過程を共有することを通して、心情曲線のつくり方を理解させることをねらいます。物語の登場人物の気持ちの想像に関しては、子ども一人ひとりにより内容や程度が異なるので、一人ひとりの読みを保障するために学級全体での統一した読みという方向は取りません。また、心情曲線は、一人ひとりのかいた曲線の形や座標の高さを比較し合うことで、読みを深め合っていけるという利点があるので、お互いの読みのずれをもたせるという意味もあります。

学級全体で取り組む

かえるくんとがまくんの気持ちをそれぞれ線で表したいと思います。

はじめのところだけ、先生が感じた気持ちを線で表してみます。

真ん中の線は、気持ちが「普通」です。これより上だと機嫌がいい、下だと機嫌が悪いです。

まずはじめに、かえるくんの気持ちを線でかいていきます。がまくんに呼びかけるところは普通で、がまくんの話を聞いて悲しくなるので線を下にしていきます。がまくんは、点線でかいていきます。はじめから落ち込んでいるので、下の方からスタートします。でも、かえるくんに話を聞いてもらって…

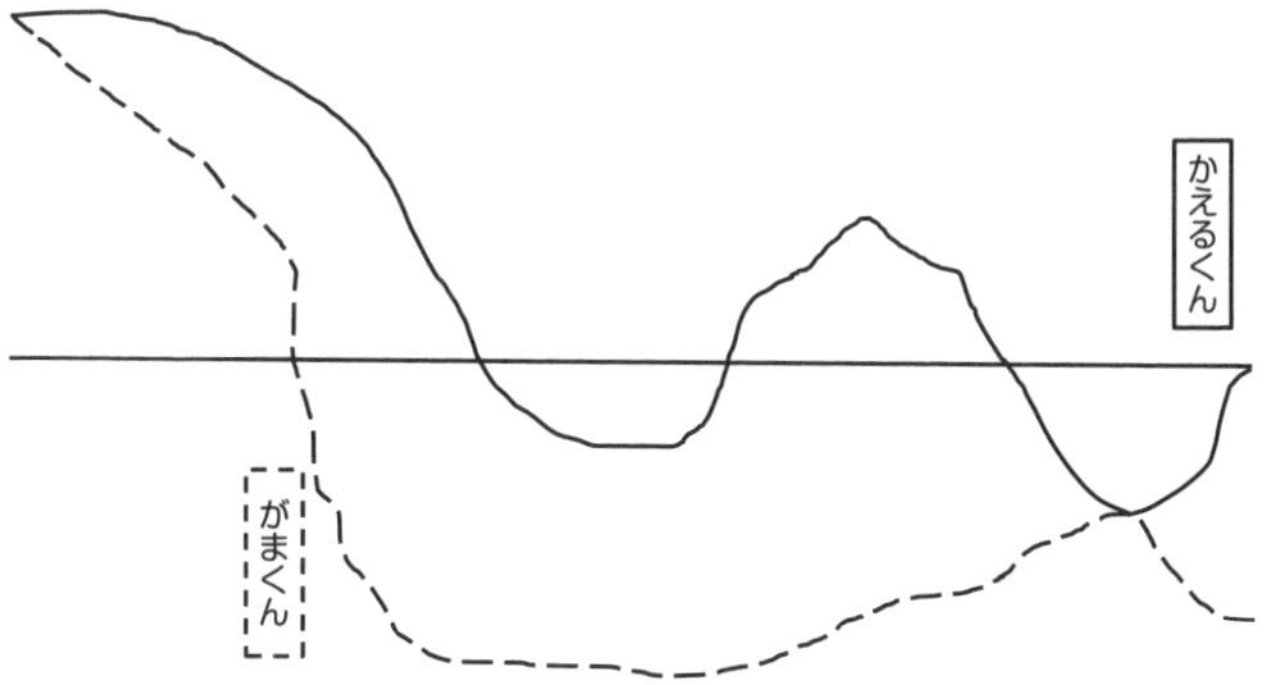

教師モデルを説明した後は、各自で心情曲線をつくっていきます。心情曲線が完成したら、説明し合います。

このときは、できるだけ２人組などの少人数で説明し合わせるようにします。

子どもたちがつくる心情曲線は、一人ひとり様々です。細かな言葉にこだわり、線の上がり下がりに細かな変化をもたせる子もいます。そういった子には説明するのに十分な時間が必要です。また、気持ちの高さや勾配も人によって異なるので、お互いの心情曲線を見て、比較する中で、刺激し合います。

このように考えると、心情曲線の説明は、２人組で時間をかけて行うことが望ましいのです。

説明し合う中で、読みのずれが出てきます。いったいどっちなのかなという疑問をもたせ、次時以降に本格的な解釈に入ります。

【人物関係図】

「神様のしわざ」と言われたごんの気持ちを想像しよう

「ごんぎつね」(光村図書四下ほか)

こんな場面で

人物関係図は、物語・小説の登場人物同士の関係を整理していくためにとても適しています。中学3年で学ぶ「故郷」のように、登場人物がたくさん出てきて、その中で、甥、息子、近所のおばさんのような人物同士の多様な関係があるものを読み取るためには便利です。人物関係図では、多様な立場の人物同士が、相手に対してどのような気持ちをもっているかを整理することができます。

お互いが、相手に対してどのような気持ちをもっているかを整理する機能は、お互いが、ある対象に対してどのような気持ちをもっているかに応用していくことができます。

「お手紙」における『お手紙』に対するかえるくんとがまくんの思い、「一つの花」における『コスモス』に対する父とゆみ子の思い、「大造じいさんとガン」における『大造じいさんが捕らえたガン』に対する大造じいさんの思いと残雪の姿など、小学校で学ぶ物語教材には、1つの対象に対する登場人物の思いの重なりやずれが描かれているものが多くあります。1つの対象に対する複数の人物それぞれの思いを読み取ることで、教材文をより深く味わうことができます。

ここでは「ごんぎつね」（全13時間扱い）での活用例を紹介します。ごんが兵十のうちに毎日届けている『くりや松たけ』はごんの思いのこもったものなのですが、兵十には物語の最後までその思いは届きません。お互いに対する気持ちのずれを子どもたちに読み取らせていくことが、この教材を深く味わうためには大切なポイントになります。

以下、兵十と加助のやりとり、それを聞くごんの思いが描かれている場面で、人物関係図をつくり、気持ちのずれを意識する授業を紹介します。

本時のねらい

兵十と加助が念仏に行って帰る道中（「四」「五」場面）での、「くりや松たけ」に対す

る兵十の思いとごんの思いを読み取ることができる。（C⑴エ）

授業展開

まず、「四」「五」場面での兵十と加助のくりや松たけに対する思いと、ごんの思いがわかるところを意識しながら音読させます。

次に、登場人物の名前と『くりや松たけ』が書かれた人物関係図を示して、書き方を説明します。

それぞれの登場人物から、相手の人物や『くりや松たけ』に対して思っていたことがわかる場合は、矢印を引いて、その脇に気持ちを書き込んでいきます。気持ちは教科書の地の文で「気持ち」として書かれている場合もありますし、会話文で書かれている場合もあります。教科書に書かれていなくても、こうかなぁと想像した気持ちがあれば書いてもいいです。

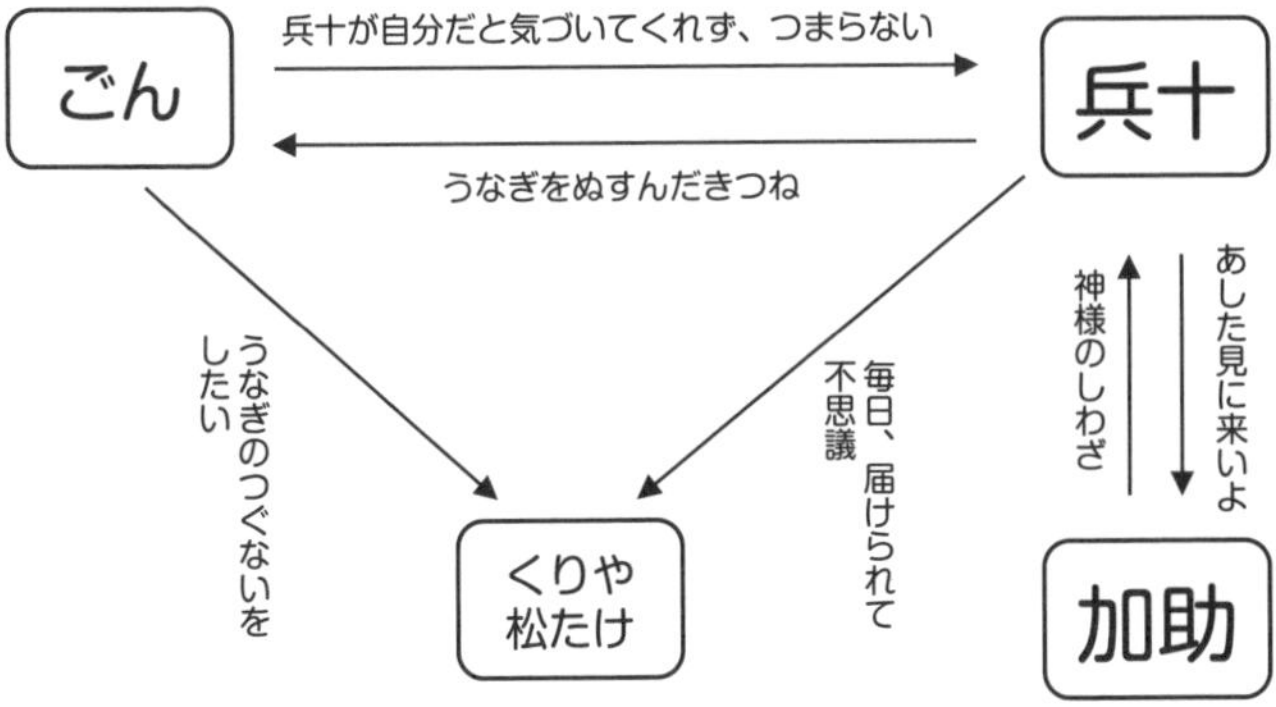

教師の説明をしたら、各自で人物関係図を作成していきます。個人追究の後、ペア活動でお互いの内容を確認、補足し合ったら、全体追究で発表し、検討していきます。

ごんから兵十にはどんな気持ちですか?
「自分だと気づいてくれずつまらない」です。
兵十はごんに対してどんな気持ちですか?
「うなぎを盗んだきつね」です。

ここでは、ごんは『くりや松たけ』を一生懸命拾って兵十に届けているという思いと、そんなごんの健気な気持ちにまったく気づかない兵十の気持ちを押さえることが大切です。また、加助が「神様」と呼んでいる理由にも着目させておきたいところです。

【因果チャート】

大造じいさんの思いはなぜ変化したのだろう？

「大造じいさんとガン」（光村図書五ほか）

こんな場面で

物語は、いくつかの場面で構成されています。それぞれの場面の多くは、登場人物がある原因によって変化します。

例えば「大造じいさんとガン」であれば、物語に描かれている猟のはじめの場面では、うなぎ釣り針をたくさんしかけた大造じいさんは、残雪の手引きによってガンたちがわなにかからないようにタニシを食べていったため、ガンを捕らえられなかったという因果関係を読み取ることができます。

物語は因果律で描かれて進行し、山場の場面で大きな変化が訪れます。

子どもたちが読み取っていく、中心人物の変化の前の姿や変化の原因、変化の後の姿は、文章で整理する前に、その関係をチャートで示させると効果的です。

このとき、物語の中心人物の変化の原因が複数考えられる教材では、因果チャートから、読みを深めたり、広げたりし合うことができます。

そこで、ここでは「大造じいさんとガン」（全6時間扱い）での活用例を紹介します。

物語の各場面についての読み取りを行った後、物語の全体像を考えていく授業について述べます。

本時のねらい

大造じいさんの残雪に対する思いの変化の原因を考えて、物語のテーマを想起することができる。（C(1)エ）

授業展開

まず、大造じいさんの変化の前の気持ちを確認します。「残雪を捕えようとする気持ち」

「残雪を撃とうとする気持ち」といったことが出てきます。
確認した大造じいさんの気持ちを因果チャートに書き込ませます。
次に、変化の後の大造じいさんの残雪に対する気持ちを出させます。

変化した後の大造じいさんは、どんな気持ちだったでしょう？
残雪を助けようという気持ち。
残雪とまた戦おうという気持ち。

このときに、それぞれが述べている箇所について確認し、最初の子どもは残雪がハヤブサと戦った後の場面から、二番目の子どもは物語の結末場面から、それぞれ考えているといったことを共通理解させます。子どもたちがどこから考えているのかをはっきりさせておくことで、読みの妥当性の検討ができ、同じ箇所に関する多様な読みを出させ、お互いの読みを広げていくことができます。
変化の後についても因果チャートに書き込んだら、変化の原因を因果チャートに書きま

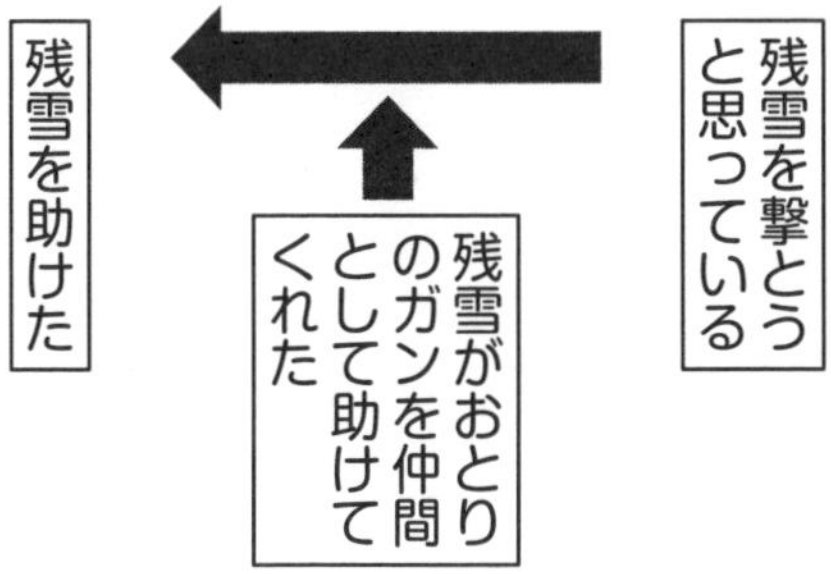
残雪を撃とうと思っている
残雪がおとりのガンを仲間として助けてくれた
残雪を助けた

す。書いたら、発表させていきます。

つくった因果チャートを発表しましょう。

私は、変化の前が「残雪を撃とうと思っている」で、変化の後は「残雪を助けた」、変化の原因は「残雪がおとりのガンを仲間として助けてくれたから」です。

ぼくの変化の原因は、「残雪が傷ついても頭領としての威厳を示す姿に感動したから」です。

子どもたちの読み取りを聞き合った後、物語のテーマをひと言で考えさせていきます。

「大造じいさんとガン」は、大造じいさんが残雪を撃たなかった理由について多様な解釈ができる教材です。妥当性の検討をしつつ、様々な読みを出させたいところです。

【帰納チャート】

「松井さん」ってどんな人?

「白いぼうし」(光村図書四上)

こんな場面で

複数の情報を集めて、そこから共通点を見つけ、主張を述べていく、という帰納的な考え方は、説得力のある作文やスピーチづくりにつながります。

他にも、「読むこと」領域の学習でも、帰納チャートを活用することができます。

説明文では、基本的に事例が並列的に示されている「すがたをかえる大豆」(光村三下)のような教材では、文章の筋道をまとめる際に活用することができます。

物語では、登場人物の性格や人物像を検討していく際に活用することができます。

ここでは「白いぼうし(全7時間)」で、物語の展開を押さえ、登場人物の気持ちの変化を捉えた後の時間に、「『松井さん』ってどんな人?」を学習課題として、中心人物である松井さんの性格を考える授業の際の活用例を紹介します。

本時のねらい

帰納チャートを使い、各自が考えた内容を検討し合うことを通して、松井さんの性格を考えることができる。（C⑴エ）

授業展開

①学習課題を設定し、課題解決の見通しをもつ

まず、本時の学習課題「『松井さん』ってどんな人？」を設定します。

次に、性格を読み取る際には、どんなことに着目するとよいのかを考えさせて、「会話文」「行動」「様子」に着目することを押さえます。

そのうえで帰納チャートのそれぞれの要素について説明します。その後、個人追究に移行するのですが、その前に、「モチモチの木」などの既習教材を使って教師がつくったモ

デルを子どもに示します。こうすることで、活動のイメージが具体的になります。

また、「モチモチの木」での豆太は「臆病」という性格もありましたが、腹痛で苦しむじさまのために夜中に医者様を呼びに行く「優しい」「勇気がある」という部分もありました。個人追究の際、松井さんの性格についても、性格を1つ考えられたら、他にも考えてみるように指導しておきます。

②個人追究を行う

個人で帰納チャートをつくっていきます。性格を1つ考えられたら、他にも考えさせ、チャートを増やしていきます。

③協働追究を行う

各自が考えた結果を交流していきます。ノートに書いてあれば書画カメラで映す、全体追究の前にグループで検討する機会があればグループで全体に紹介したい考えをミニホワイトボードに書いて黒板に貼る、タブレット端末等でつくったものであれば全体で共有するなど、発表する子のチャートを全員が見られる状況をつくります。

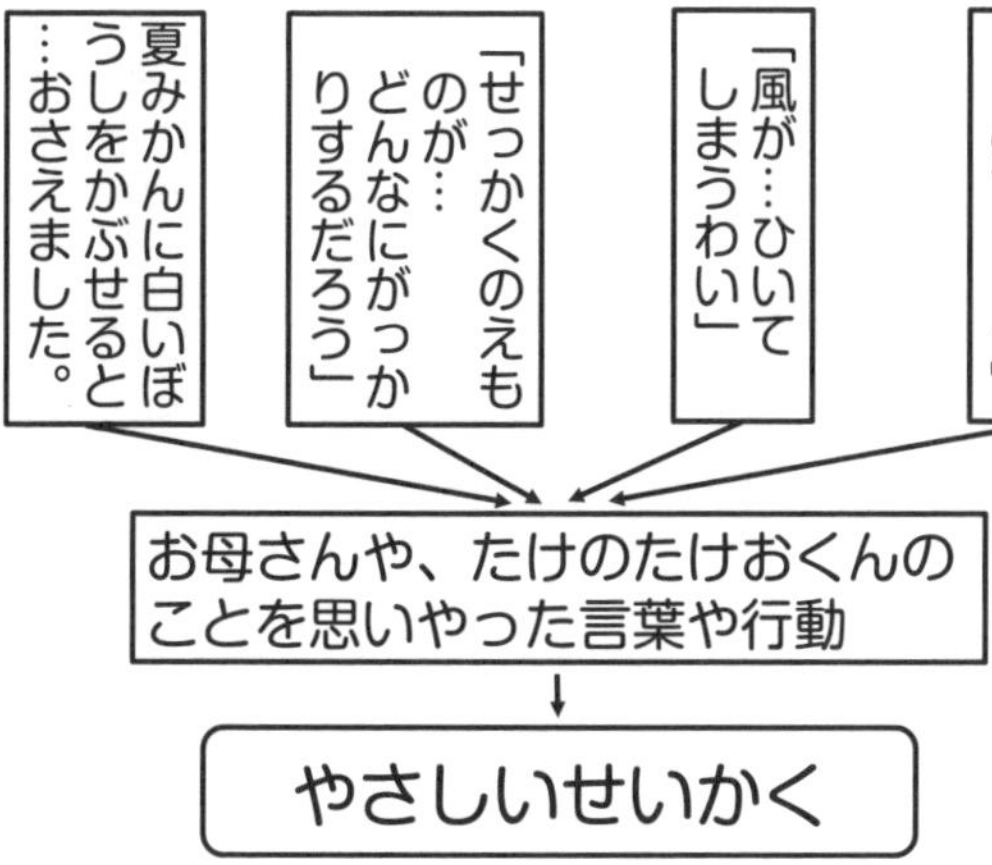

松井さんの性格について発表し合いましょう。

会話文の「においまで…」や「せっかくのえものが…」は、お母さんやたけのたけおくんを思いやる言葉や行動なので、松井さんはやさしい性格だと思います。

「松井さんは、にこにこして」とか、笑っているところがいくつもあるので、松井さんは明るい性格だとぼくは思います。

この他にも、少しおっちょこちょいな性格なども見つけることができます。いろいろな点から松井さんの性格を見つけさせたいところです。

［比較チャート］

ライオンとしまうま、強いのはどっち？

「どうぶつの赤ちゃん」（光村図書 一下）

こんな場面で

比較チャートを使い、複数の情報を観点に沿って比較する活動は、文章を書いたり、話し合いで意見をつくったり、話し合いで提案を比較したりする場合に行います。

また、文章を読み取るときにも、比較チャートを活用することで、的確な読み取りを行うことができます。

物語を読み取るときには、登場人物の比較を行い、それぞれの登場人物がどんな個性をもっているのかを読み取ることができます。「お手紙」（光村二下ほか）での、「かえるくん」と「がまくん」を比較したり、「帰り道」（光村六）での「律」と「周也」を比較したりすることができます。

説明文を読み取るときにも、比較チャートを使うことで、文章に書かれていることを整理することができます。オオアリクイの親とコチドリの親の子どもの守り方を述べた「子どもをまもるどうぶつたち」（東書一下）や、和室と洋室のよさを述べた「くらしの中の和と洋」（東書四下）といった２つの対象について観点を定めてその特徴を述べる文章の読み取りでは特に効果を発揮します。

比較するには、そのための目的が必要になります。例えば、「くらしの中の和と洋」では、もし自分が住むならどんな家に住みたいかといった、比較思考を働かせる必要のある目的が必要です。

ここでは「どうぶつの赤ちゃん」（全10時間）で、ライオンとしまうま、それぞれの赤ちゃんのときの様子と、自分でえさをとって食べるまでの様子を読み取った後の時間に「ライオンとしまうま、強いのはどっち？」を学習課題として、赤ちゃんのときのライオンとしまうまの強さ比べをする授業の際の活用例を紹介します。

本時のねらい

比較チャートを使い、観点に沿ってライオンとしまうまを比較したことを基にして、赤ちゃんのときはどちらが強いかを考えることができる。（C⑴ウ）

授業展開

①学習課題を設定し、課題解決の見通しをもつ

これまでそれぞれの動物の赤ちゃんのときの様子と、自分でえさをとって食べるまでの様子を読み取ってきたことを確認し、子どもたちに、赤ちゃんのときはライオンとしまうまのどちらの方が強そうだと言えるか尋ねます。

すると、子どもたちの多くは、「しまうま」と答えます。

そこで、どうしてしまうまの方が強いと思うのかを尋ねます。

ライオンとしまうまの赤ちゃんのどちらが強いのかについて根拠をもって話せる子どももいますが、説明することができない子も多くいます。

そこで、「赤ちゃんのときは、ライオンとしまうま、強いのはどっち?」という学習課題を設定し、比較チャートをつくって2つの動物を比べ、ライオンとしまうまでは赤ちゃんのころはどちらが強いのか比べることを子どもたちに投げかけます。

個人追究に入る前に、1つの観点に沿って、一斉指導の形で比較チャートをつくり、本時のこの後の学習に取り組みやすくします。

これまで読み取ってきた中で、赤ちゃんのときは、ライオンとしまうまとどちらが強かったですか?

しまうまの方が強かったです。

それはどこからわかりましたか。

……。

今日は、「くらべっこチャート(特に低学年の場合、思考ツールは平易な言葉で示した方が理解しやすいです)を使って、赤ちゃんのときは、ライオンとしまうまはどっちが強いのかを考えていきましょう。

はじめにみんなで1つ、くらべっこチャートをつくってみましょう。まず、「大きさ」で比べてみましょう。比べたチャートの点線の□のところに「大きさ」と書きます。では、ライオンはどのくらいの大きさですか？

子ねこぐらいの大きさです。

くらべっこチャートの右側の□の中に「ライオン　子ねこぐらい」と書きましょう。

このようにしてモデル学習を行ったら、観点の整理をします。子どもたちに、ライオンとしまうまについてどのような観点で書かれていたか確かめます。

「大きさ」以外に、どんなことについて書かれていましたか？

「目」です。

「耳」です。

②個人追究を行う

子どもたちには、自分がやってみたい観点から取り組ませます。1つの観点について比較チャートをつくれたら、別の観点についての比較チャートをつくっていきます。

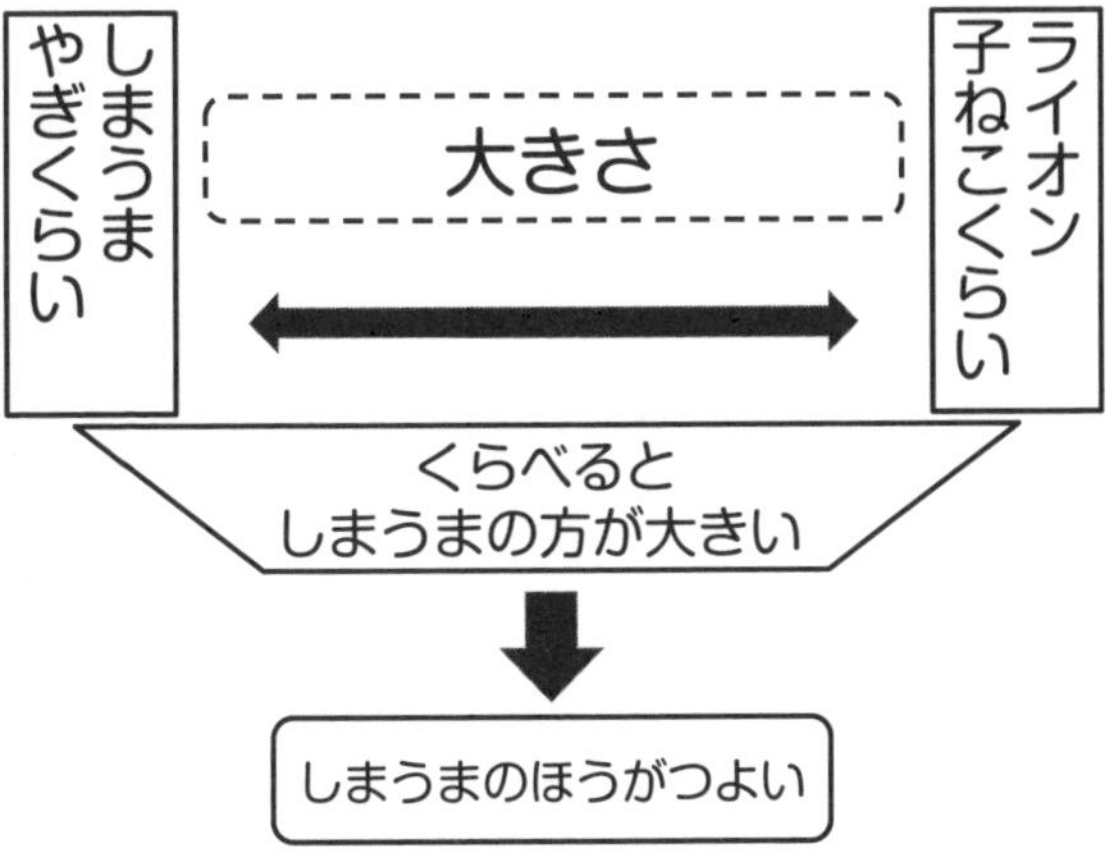

③協働追究を行う

個人追究で比較チャートをつくったら、各自が考えた結果を発表し合い、協働追究を行います。各自が考えたチャートは、書画カメラを使うなどして、発表の際に他の子も見られるようにします。

また、比較チャートを複数コピーしておき、子どもが発表した内容をコピーしたチャートに教師が書き、黒板に貼っていくようにします。

一覧にすることで、「大きさ」「目」「耳」など、すべての観点の比較結果がどれも「しまうまの方が強い」という結果になることがわかります。

こうして、なんとなく比べるより、観点に沿って比べることで、違いがはっきりとわかることが実感できます。

【具体化チャート】

地域住民の主体的な取組を整理しよう

「町の幸福論」（東京書籍六）

こんな場面で

具体化チャートでは、テーマを決めて調べ、見つかった複数の事柄について階層をつけながら具体化して整理することができます。

調べ学習でたくさん集めたことをすっきりと整理する際、便利に使うことができます。説明文を読む際にも、内容を整理するために具体化チャートは効果的です。

説明文は、教材によって、様々なタイプの説明の仕方がなされていますが、具体化チャートが効果的なのは、抽象化された事柄をまず示し、その後具体的な説明がなされているタイプのものです。

ここでは「町の幸福論」（全8時間）を取り上げます。この教材は、人のつながりをつくることで、地域の課題を解決するための「コミュニティデザイン」を提案しています。その中で、地域の課題に対して地域住民が継続的、主体的に取り組んでいる例が紹介されています。抽象があげられて、その後に具体的な事例が述べられる説明文の場合、事例が詳しいほど、かえって内容を見失いがちになってしまうことがあります。そこで、具体化チャートを活用し、階層を設けて内容を整理しながら読み取っていきます。

本時のねらい

具体化チャートを使い、地域住民の課題に対する継続的、主体的な取組の例を理解することができる。（C(1)ア）

授業展開

①学習課題を設定し、課題解決の見通しをもつ

本時では、地域住民が、継続的・主体的に街づくりに取り組むことが書かれた2つの事

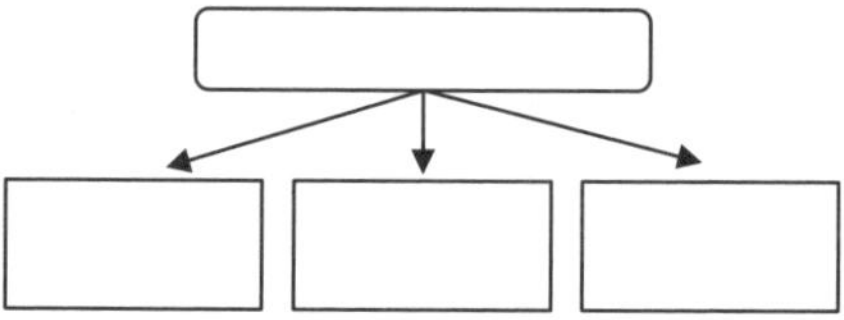

例を整理していきます。

まず、上の具体化チャートをモデルとして示し、2点確認します。

地域住民が、継続的・主体的に街づくりに取り組むことの事例のまとめ方のポイントは2つです。1つは、モデルのチャートではテーマの下に□が3つあり、3つの例が書けるようになっていますが、事例の数に応じて□の数を調節することです。もう1つは、具体化のレベルです。□を下につなげていくことで、より詳しくすることができます。

②個人追究を行う

個人で具体化チャートをつくらせていきます。学級の実態に応じて、個人追究に入る前に、1つの事例について全体で具体化チャートをつくるなどします。

③協働追究を行う

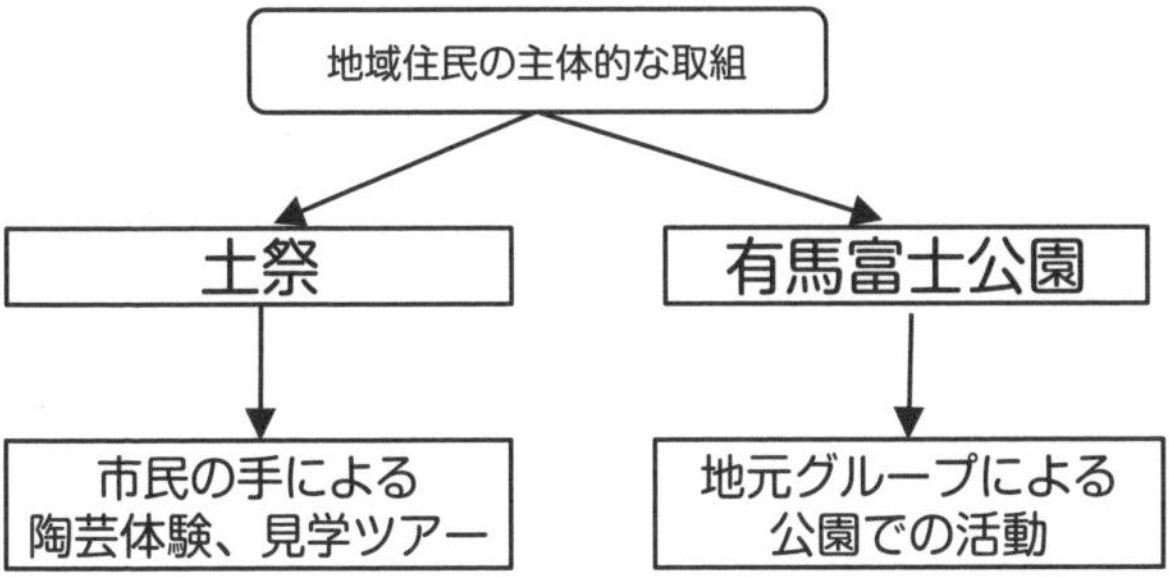
地域住民の主体的な取組
土祭
有馬富士公園
市民の手による
陶芸体験、見学ツアー
地元グループによる
公園での活動

各自が考えた結果を交流していきます。まず、ペア、グループで交流して、考えの精度を高めていきます。グループ内で見合う中で、２つの事例の具体化のレベルがそろっているかについて確認していきます。

グループで検討したら、全体で検討します。グループでホワイトボードなどにまとめた考えを見せながら発表、検討します。

私たちのグループでは、一番上に、「土祭」、その下に、「市民の手による陶芸体験、見学ツアー」にしました。

私たちはその下に町づくりの活動に取り組むグループが生まれたことを入れました。理由は継続的なことまで入れたいからです。

チャートを発表、検討し合う中で、テーマに対する内容の適切さを吟味していくことができます。

【抽象化チャート】
和室と洋室のよさを要約しよう
●●●「くらしの中の和と洋」（東京書籍四下）

こんな場面で

抽象化チャートは、具体的なことを抽象化して短くまとめるうえで効果的なツールです。具体的な事柄を短くまとめる思考を働かせる場面は、インタビューで話し手が述べた具体的なエピソードを聞き手が「つまり…ですね」と圧縮する場合などがあり、会話の中で相手の話に対して、「確かに、○○だね」と相づちを打つ場合など、日常生活でも様々な機会があります。

また、説明文を読み取る際、段落の「要約」をするという場合や、「要旨」をまとめる際にも、抽象化の思考を働かせることが必要になります。

要約をするときに、筆者の伝えたい「中心」を見つけるという活動はよく行われますが、子どもにとっては「中心っていったい何だろう。どうやって見つければいいのだろう」と思いがちな活動です。

「中心」は段落の中で述べられていることが、短くまとめられていることということを子どもが理解できれば、段落内に書かれている事柄を「具体」と「抽象」に区別して、「抽象」を取り出すことができるようになります。

ここでは、「くらしの中の和と洋」（全8時間）での活用例を紹介します。

授業では、これまでに、文章全体を「はじめ・なか・おわり」の3つに分け、文章全体を通す「話題」と「結論」を読み取り、「本論」を「部屋の過ごし方」と「部屋の使い方」の2つに大きく分けています。この後は、和室、洋室それぞれの「部屋の過ごし方」と「部屋の使い方」のよさを、文章を要約して読み取っていきます。

本時は、抽象化の思考を使い、要約する方法を指導し、要約を行っていく時間です。

本時のねらい

抽象化チャートを活用して、段落の中心に着目して要約する方法を理解し、使うことが

できる。（C(1)ウ）

授業展開

各段落に具体的に書かれていることを、抽象化して端的に書かれている箇所を見つけるコツを身につけていくための活動を行っていきます。

①教師から問題を出す

段落に書いてあることを詳しいこととまとめたことに分けられると、要約がスムーズにできるようになります。そのコツをつかむための練習をたくさんしましょう。では、第1問です。7段落の次の文はどのようにまとめられているでしょうか。

「きちんとした場では正ざをし、くつろぐときにはひざをくずしたり、あぐらをかいたりしてすわります。ねころぶこともできます」

和室のたたみの上では
いろいろなしせいをとれる

↑

きちんとした場では正ざ、
くつろぐときはひざをくずす、ねころぶ

抽象化チャートの下段に該当部分を示し、子どもが考えたものは上の枠に書かせて、答え合わせをします。このときに、正答かどうかを確認するだけではなく、抽象化された言葉と、具体的な言葉を対応させることが必要です。

「ひざをくずす」や「ねころぶ」をまとめた言葉は何かを確認し、「しせい」を引き出すなど、具体―抽象の対応を詳しく意識させていくことが実感を伴った定着のために必要です。

②子ども同士で問題を出し合う

子どもたちが活動のイメージをもてたら、隣とペアになり、問題を出し合います。抽象化チャートの下の枠を書き込んで、お互いに上の枠を考えます。基本的には具体化したものを抽象化した答えが、同じ段落の中にあるようにさせます。

出題者と回答者で答えの認識が一致しないときは、全体で取り上げて考えていきます。

【分類チャート】

1年生と遊ぶことを決めよう

「グループの合い言葉をきめよう」（東京書籍三上）

こんな場面で

グループなどで、子どもたちに話し合いの学習をさせるときには、自分の意見をもたせてから行います。お互いに意見をもっていることによって、話し合いを傍観するのではなく、参加することができます。

話し合うときに、お互いの意見を理由とあわせて述べ合っていくと、互いがどんな意見をもっているのかがよくわかります。

しかし、お互いの意見を述べ合うだけだと、音声言語は次から次へと消えていってしまうので、意見の折り合いが確実につくということはなかなか難しくなります。

そこで、お互いの意見を付箋に書いて、それを提示しながら述べるようにします。書いたものは消えないので、お互いの意見を尊重することが確実にできます。

　このときに、お互いの意見のまとまりをつくると、検討する対象が減ります。そうすると、どの意見に決めていくかの話し合いが焦点化されていきます。

　そのような、複数の意見が出ているときに、共通している意見同士を仲間にする際に効果的なツールが分類チャートです。

　ここでは、1年生とのお楽しみ会でグループごとに1年生と行う遊びを決める「1年生と遊ぶことを決めよう」（基になる教材「グループの合い言葉を決めよう」（7時間扱い））の単元で、分類チャートを使い、意見を整理する活動を紹介します。

　1年生と遊ぶことを各自が考え、それを出し合い、検討し、1年生と遊ぶことを決めていく授業です。

本時のねらい

お互いの意見を分類し、検討し合うことによって、1年生とのお楽しみ会で遊ぶことを決めることができる。（A(1)オ）

授業展開

意見を提示する段階、分類する段階と段階ごとに区切って話し合いを進めさせていきます。まず、司会者の進行で、理由づけしながら意見を述べ合います。その際、自分の意見を書いた付箋を提示します。

次に、お互いの意見の共通点と相違点に着目し、分類させていきます。このときには、分類チャートを拡大コピーして、お互いの意見が書かれた付箋を貼りつけられるようにします。または、Ａ３大のホワイトボードに分類チャートをかかせながら行います。

出された意見を、司会者の進行に従って、分類させていきます。必要に応じて教師のつくったモデルを示し、学級全体で分類する活動を行ってみて、コツをつかんでから取り組ませると、スムーズに進みます。

では、みんなの考えた意見を仲間分けしていきましょう。
ドッジボールと手つなぎおにには、仲間になります。
理由は、どっちも体をたくさん動かすからです。

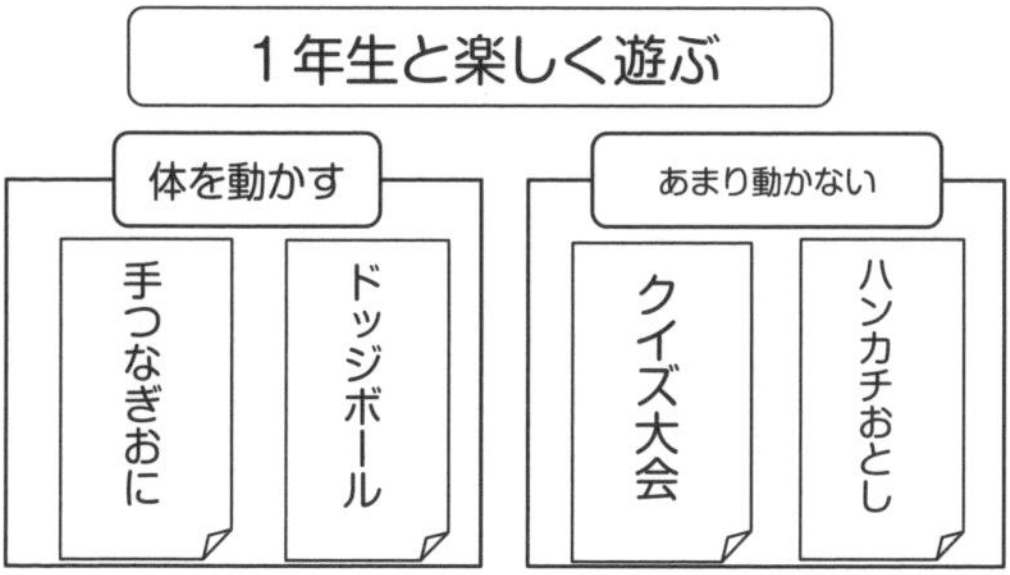

じゃあ、「体を動かす」の仲間にしよう。
では、残った2つはどうしましょうか？
クイズ大会は座ったままできるし、ハンカチ落としはハンカチを落とされた人と逃げる人しか走らないから「あまり動かない」の仲間にしたらいいと思います。

みなさん、どうですか？

全員　それでいいです。

このように分類をしていきます。
観点ははじめに決めてもよいですし、はじめに直感的に仲間をつくり、そのうえで、観点を考えるという方法でもよいでしょう。分類した後は、どの遊びを行うかの絞り込みをしていきます。

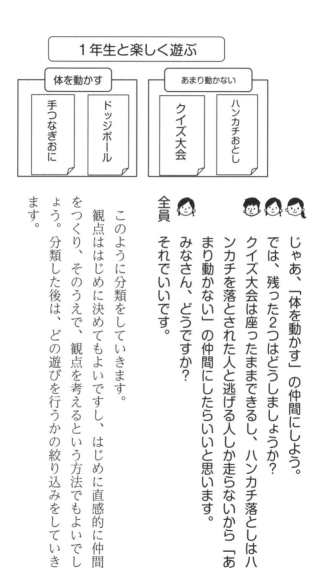

【定義チャート】

「はじめ・なか・おわり」の3つに分けよう

●●●「こまを楽しむ」(光村図書三上)

こんな場面で

説明文を学習するときに、はじめに行う活動として、本文を「はじめ・なか・おわり」に分けることがあります。

説明文を学ぶ大きな目的の1つに、筆者の説明の仕方を学ぶということがあります。筆者の説明の仕方を学ぶことによって、説明文で書かれている内容がよく理解できたりしますし、筆者の説明の仕方を自分が文章を書くときに使うことにも生かせます。

そのためにはまず、この説明文でどんなことが話題になっているのかを把握し、説明を通して筆者はどんなことを言いたいのかをつかむ必要があります。話題と結論の内容に立ち返りながら学習することで、本論の内容を適切に読み取っていくことができます。

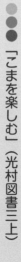

文章全体を3つに分けることくらいは簡単にできそうと思いがちです。しかし、「この文章を3つに分けましょう」と簡単に指示を出し、検討・発表させると、授業は大混乱に陥ることがあります。混乱に陥る大きな原因は、「はじめ・なか・おわり」それぞれの定義が明確ではないからです。それぞれの子どもが「はじめ・なか・おわり」についてそれぞれのイメージで捉えていれば、意見が一致することは困難です。

そこで、「はじめ・なか・おわり」の定義を共通理解したうえで、文章を分けていくことが必要になります。このときに活用するのが「定義チャート」です。

ここでは、「こまを楽しむ」（全6時間扱い）での活用例を紹介します。

全文の通読をして、初発の感想を書いた時間の次に行います。教科書では、「こまを楽しむ」の前に「言葉で遊ぼう」（全2時間扱い）の練習教材があります。この教材で「はじめ・なか・おわり」の定義をしっかり押さえておくことが大切です。

本時のねらい

「こま楽しむ」を定義に従って「はじめ・なか・おわり」に分けることができる。（C(1)ア）

授業展開

学習課題「『こまを楽しむ』を『はじめ・なか・おわり』に分けよう」を設定した後、段落の数を数えて、定義チャートの右側の□の中に書かせます。

次に、「言葉で遊ぼう」では「はじめ」「なか」「おわり」はそれぞれどのような役割をもっていたのかを振り返らせます。

「はじめ・なか・おわり」はどのような役割をもっていましたか?

「はじめ」には、「問い」が書かれています。

「なか」には、「問いの詳しい答え」が書かれています。

「おわり」には、「全体のまとめ」が書かれています。

子どもの発言を受け、それぞれの役割を真ん中の□の中に書かせます。

そうしたら、個人追究の時間を取り、役割に沿って、文章全体を大きく3つに分けさせ、結果を定義チャートの左側の□の中に書かせます。

「こまを楽しむ」
全部で8段落

↓

はじめ…問い
なか…問いの答え
おわり…全体のまとめ

↓

はじめ…①
なか…②〜⑦
おわり…⑧

協働追究のときには、それぞれが考えたことを、定義に沿った理由づけをして述べさせます。

「はじめ」は一段落です。一段落の終わりに、「どんな楽しみ方ができるのでしょう」と、「問い」があるからです。

二段落はどうなりますか?

二段落は「なか」になります。「色がわりごま」の楽しみ方を「回っているときの色を楽しむ」と説明しているので、一段落で出た問いの答えになっているからです。

このようにして「はじめ」を確定させたら、同様に定義を基にして「おわり」を確定させます。

【類推チャート】

ごんはなぜいたずらばかりしたのだろう？

「ごんぎつね」（光村図書四下ほか）

こんな場面で

物語を読み取るときの大きな楽しみの1つは、登場人物の体験する世界を疑似体験することです。

そのためには、自分が登場人物になったつもりで文章を読むことが必要になります。このときに、登場人物の体験している出来事に類似した直接経験や間接経験、また、そのときの感情を思い浮かべて、登場人物の状況に合わせるという「類推」思考が働きます。従って、子どもの経験の内容やそのときの感情によって、推し量られる登場人物の気持ちは変化がありますし、登場人物の状況として子どもが参照する根拠によっても、推し量られる登場人物の気持ちには変化があります。そのため、1つの物語でも、子どもにより、そして、年代により、読み取りの違いが生まれ、その違いを学び合うことでさらに物語の読みは楽しくなっていきます。注意すべき点としては、登場人物の状況と類似した体験を思い浮かべたままで、登場人物の状況にもう一度合わせていく思考が足りないと、作品世界から離れた読みになってしまうことです。

ここでは、このような類推思考を働かせた読みを意識的に行わせ、作品世界に浸るための活動を紹介します。

「ごんぎつね」（全13時間扱い）での活用例を紹介します。

物語の冒頭場面、ごんはどのようなきつねだったのかを想像し合う授業について述べます。

本時のねらい

物語の冒頭で、ごんはどのようなきつねとして設定されているかを想像することができる。（C⑴イ）

授業展開

学習課題を設定した後、まず、学級全体で1つの解釈をつくり、ごんはどのようなきつねだったかの「類推チャート」を作成していくやり方をつかませます。

「夜でも昼でも、辺りの村へ出てきて、いたずらばかりしました」とあります。チャートの右側に書きましょう。ごんはどんな気持ちでいたずらばかりしていたのかな。みんながいたずらをするときを思い出して真ん中の□に書きましょう。

私は、友だちのびっくりした顔が見たいとき。

ぼくは、赤ちゃんの弟のそばにお母さんがずっとついていたから、お母さんにもっと構ってほしくて、いたずらしました。

次に、ごんの気持ちを想像させていきます。

では、その気持ちを参考にして、いたずらばかりするごんの気持ちを想像してみま

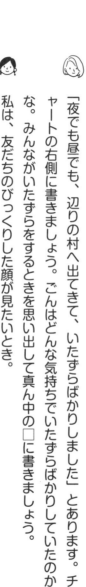

夜でも昼でも、辺りの村へ出てきて、いたずらばかりしました。

＝

ぼくも、友だちに注目してもらいたいとき、わざとからかってしまうことがある。

⇐

ごんは、ひとりぼっちで寂しいので、人にかまってほしくて、いたずらをしていた。

しょう。そのときに、ごんの住んでいた場所とか、家族といった、ごんの様子を思い浮かべて、ごんになったつもりで想像してみましょう。

ごんは、森の中にあなを掘って住んでいたので、寂しかったから、だれかにかまってほしかったのかな。

「ひとりぼっち」と書いてあるから、話し相手もいなくて、寂しくてたくさんいたずらをすれば騒がれるので、それで寂しい気持ちを紛らわそうとしていたのかな。

教材文に書かれていることを取り入れながら考えをつくらせます。冒頭場面で好きな箇所を選ばせ、個人追究した後、全体で共有、検討します。

【ピザ型チャート】

和紙の3つのよさを整理しよう

「世界にほこる和紙」(光村図書四下)

こんな場面で

説明文の本論での説明の仕方には、時系列で事例を順番に並べるものや、原因と結果を示すもの、2つのものを比較するものなど、様々な方法があります。

中には、「すがたをかえる大豆」(光村三下)のように1つの対象の多面的な姿を示したり、「世界にほこる和紙」(光村四下)のように多面的な分析をしたりするものがあります。

ピザ型チャートを説明文の読み取りに使う場合には、これらのように、対象の多様な面が具体的に書かれているものが向いていています。

また、「すがたをかえる大豆」にしても「世界にほこる和紙」にしても、いずれも教科書教材の読み取りの後、読み取った内容に関連したことを調べて、調べたことを書いてまとめていく「読み書き複合単元」です。ピザ型チャートを使って読み取ることによって、同じように、調べ学習をしていくときに、ピザ型チャートを使って調べたことを整理していくことができます。つまり、読み取りで使ったピザ型チャートを書くときにも活用することができるわけです。

ここでは、「世界にほこる和紙」（全6時間）で、本論に書かれている3つの事例を整理する授業の際の活用例を紹介します。本文を「はじめ・なか・おわり」に分け、さらに本論を3つに分けた後の時間です。

本時のねらい

ピザ型チャートを使い、和紙の3つのよさの具体を整理することができる。（C(1)ウ）

授業展開

①学習課題を設定し、課題解決の見通しをもつ

まず、本時の学習課題「和紙の3つのよさを整理しよう」を設定します。
次に上の□にタイトル「和紙のよさ」を書かせます。そして、3つのスペースの脇の□の中にそれぞれの段落のキーワードとなる「長もち」「やぶれにくい」「気持ちを表す」を書かせます。

まず、「やぶれにくい」について整理しましょう。和紙はどうして破れにくいのかがわかるところを見つけて、ピザ型チャートに書きましょう。

「せんいが長い」だな。

ピザ型チャートに子どもが書き込みをしたら、全体で確認します。このようにして、モデル学習を行ったら、「長もち」について、個人追究で各自読み取ったことをピザ型チャートに書かせていきます。

②個人追究を行う

「長もち」について、各自でピザ型チャートにまとめます。

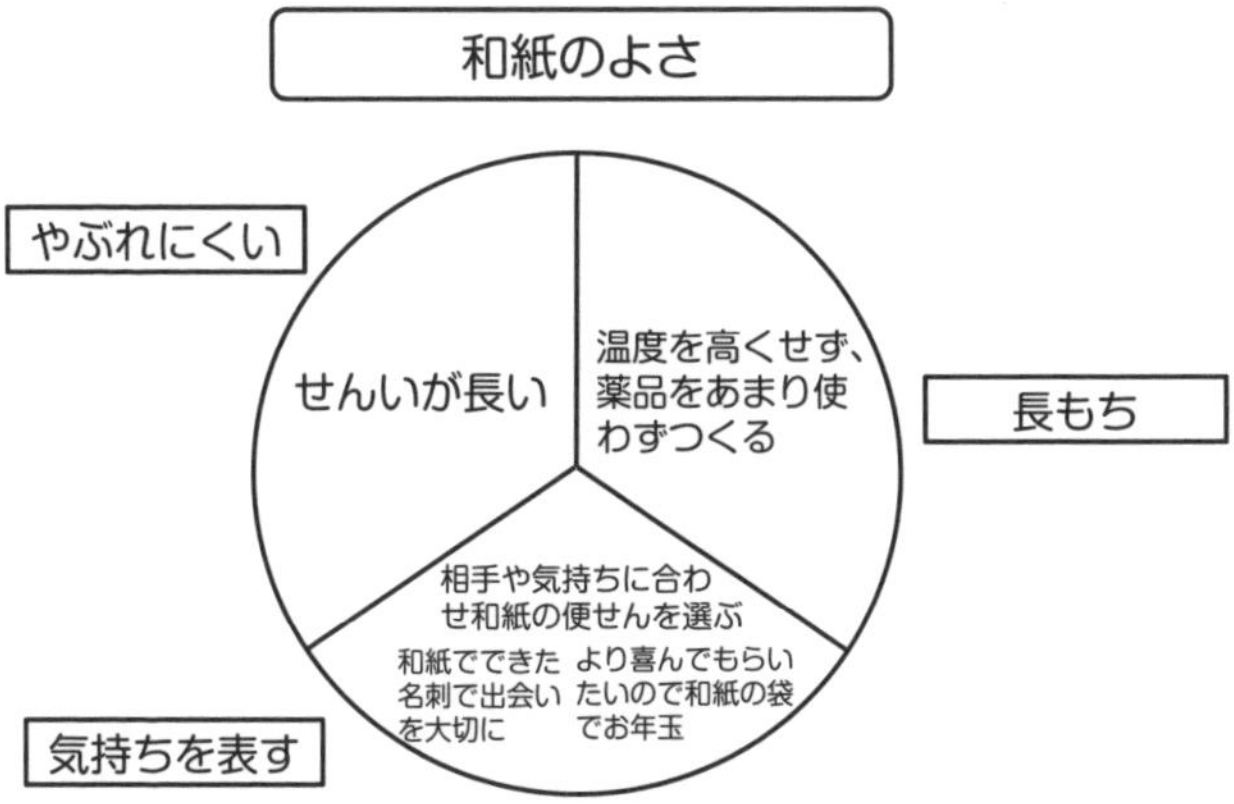

③協働追究を行う

「長もち」について各自がまとめたことを出し合い、整理していきます。

その次の「気持ちを表す」については、これまでの2つの特長の述べ方と異なっています。

まず、「便せん」について全体で整理してから、「名刺」や「お年玉をあげる袋」を個人追究で行わせていくとスムーズに学習が進みます。

個人で整理をしたら、協働学習で確認します。

ピザ型チャートの中を仕切り、スペースをつくって、段落のキーワードに対する説明を整理していく活動は、その後の「伝統工芸のよさを伝えよう」で、各自が調べた伝統工芸のよさについて調べたことを多面的に整理することにも役立ちます。

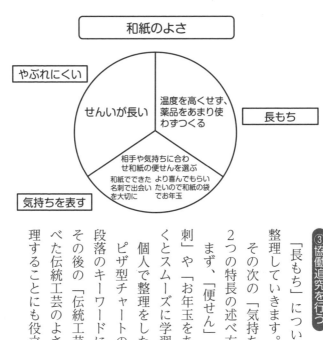

【付箋】付箋で考えを整理しよう

「話し合って考えを深めよう」（東京書籍六）

こんな場面で

話し合いの学習では、テーマについて自分の意見をもって臨むことが、話し合いの充実につながり、その子にとっての視野の広がりにつながります。

そこで使うのが「付箋」です。

「小学生は学校にスマートフォンを持って来てよいか」といったテーマでは、「持って来てよい」「持って来てはいけない」「どちらでもよい」といった立場を想定することができます。

自分の立場を決める前に、それぞれの立場に沿った考えをつくってみて、自分の中で検討することによって、話し合いをする前に、深まりのある自分の意見をつくることができます。

ここでは、「動物園の動物は幸せか」（全6時間、基になる教材は「話し合って考えを深めよう」（東京書籍六））での活用例を紹介します。

本単元は、「動物園の動物は幸せかどうか」を話し合う中で、互いの立場の意見を分類し、互いに考え方を理解したうえで、討論することを通して、それぞれの考え方を広げ、深めていきます。

また、お互いに考えを広げ、深めていくことのできる話し合い方について身につけていきます。

本時は、各自がまず、論題「動物園の動物は幸せか」に対する自分の立場はあらかじめもたずに、考えを広げる時間です。

本時のねらい

「動物園の動物は幸せか」について多面的に考えることができる。（A(1)ア）

授業展開

子どもたちにまず、付箋を貼るためのA3判程度の大きさの台紙を配付します。そこには、テーマ「動物園の動物は幸せか」と、立場「幸せ」「どちらともいえない」「不幸せ」を記入し、それぞれのスペースをつくっておきます。

また、3色の付箋を配ります。幸せはピンク色の付箋、不幸せは水色の付箋、どちらともいえないは黄色の付箋というように、立場によって各付箋の色を指定します。

それぞれの立場に貼った付箋の枚数を数えればわかることではありますが、付箋の色を変えることによって、自分の考えの傾向は、どの立場のものが多いのかを感覚的につかむことができます。

子どもたちの意見を出しやすくするために、授業のはじめでは、教師と共に意見をつくり、それぞれの立場のスペースに貼っていきます。

「動物園の動物は幸せか」について先生と一緒に考えをつくってみましょう。すぐにぱっと思い浮かぶ人はいますか?

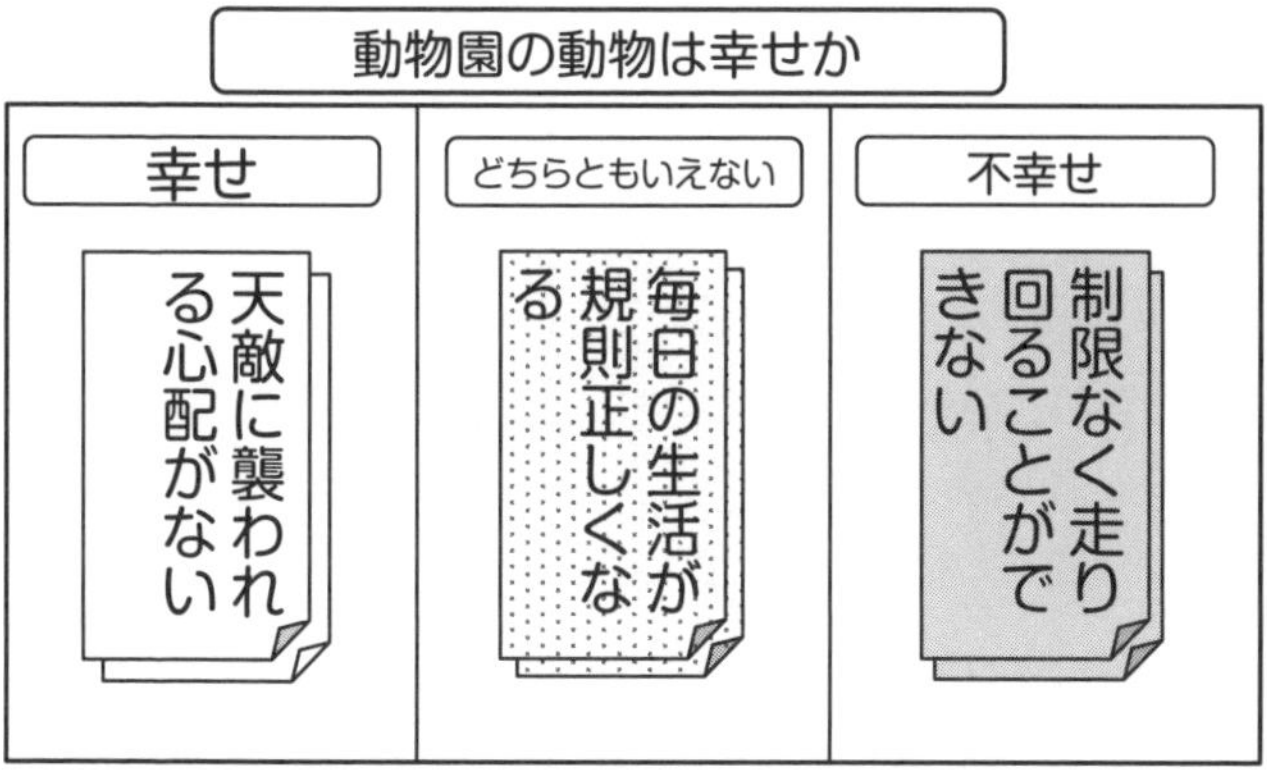
動物園の動物は幸せか
幸せ
どちらともいえない
不幸せ
天敵に襲われる心配がない
毎日の生活が規則正しくなる
制限なく走り回ることができない

動物園の動物は、天敵に襲われないから幸せです。

では、ピンク色の付箋に「天敵に襲われる心配がない」と書いて「幸せ」の場所に貼ってください。
続いて、不幸せなことはありますか？…

このとき、観点となる「幸せ」や「不幸せ」に対応することを考えるという方法、動物園の動物の状況を先に思い浮かべてからそれが幸せなのか否かについて判断する方法、どちらの方法でもよいことを伝え、考えやすい方法で取り組ませます。

たくさん付箋が貼れている子に途中で他の子に紹介させるなどして、できるだけ多くの考えが生まれるように配慮をします。

【構造曲線】

物語の流れを1本の線で表そう

●●● 「大造じいさんとガン」（光村図書五ほか）

こんな場面で

物語の読み取りをしていく際、場面ごとの読みを中心にする活動を行うことで教材文に描かれていることを丹念に読み取っていくことができます。

物語の文章は、助詞1つにも作家の神経が張り巡らされているものです。一つひとつの表現を味わい、関連させながら解釈していくことは意味のあることです。

このような、いわばミクロの読みと共に、一方で、マクロの読み、つまり教材文全体を大きく捉える読みも必要となります。教材文全体を捉えるマクロの読みを行うことにより、物語全体を通したテーマを描くことにつながるからです。

このとき、機能を発揮するのが、構造曲線です。

物語全体を1本の線でつないでいくことにより、物語全体を俯瞰することができます。同じ教材文を読み、制作した構造曲線でも、隣の子のつくった構造曲線とは角度が異なったり、高さが異なったりします。そこに、一人ひとりの読みの違いがみられます。この違いをお互いに説明し合うことで、お互いの読みはより広く、深いものになります。

ここでは、「大造じいさんとガン」（全7時間扱い）での活用例を紹介します。各場面の読み取りを終え、物語の全体像を考える授業です。

本時のねらい

「大造じいさんとガン」の構造曲線をかき、お互いのかいたものを交流し合うことを通して、物語の全体像をつかむことができる。（C⑴エ）

授業展開

①各自で構造曲線をかく

まず、構造曲線のかき方を子どもたちに説明し、個人で構造曲線をかかせていきます。構造曲線をかくスペースの下に、全体を4つに区切ったガイドの線をつくっておき、それぞれの場面を意識させます。そうすることで、それぞれの場面での展開の捉えを比較しやすくなります。

構造曲線は、山場のクライマックスが頂点になるようにして、場面の盛り上がりを1本の線でつないでいくものです。それぞれの場面内での線は、盛り上がりに合わせて、上がったり、下がったりして構いません。では、一場面から四場面までの構造曲線をかいてみましょう。

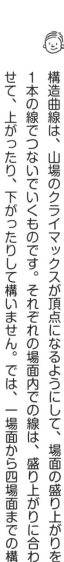

一場面は最初の計略で大造じいさんの目的が達成されたので、はじめよりも線が上がっているな。その後、もう一度同じ計略を使って失敗するまでは、どうなるかとどきどきするので線が上がっていく。でも、失敗して目的が達成されなかったので線が下がるな…

②お互いのかいたものを交流する

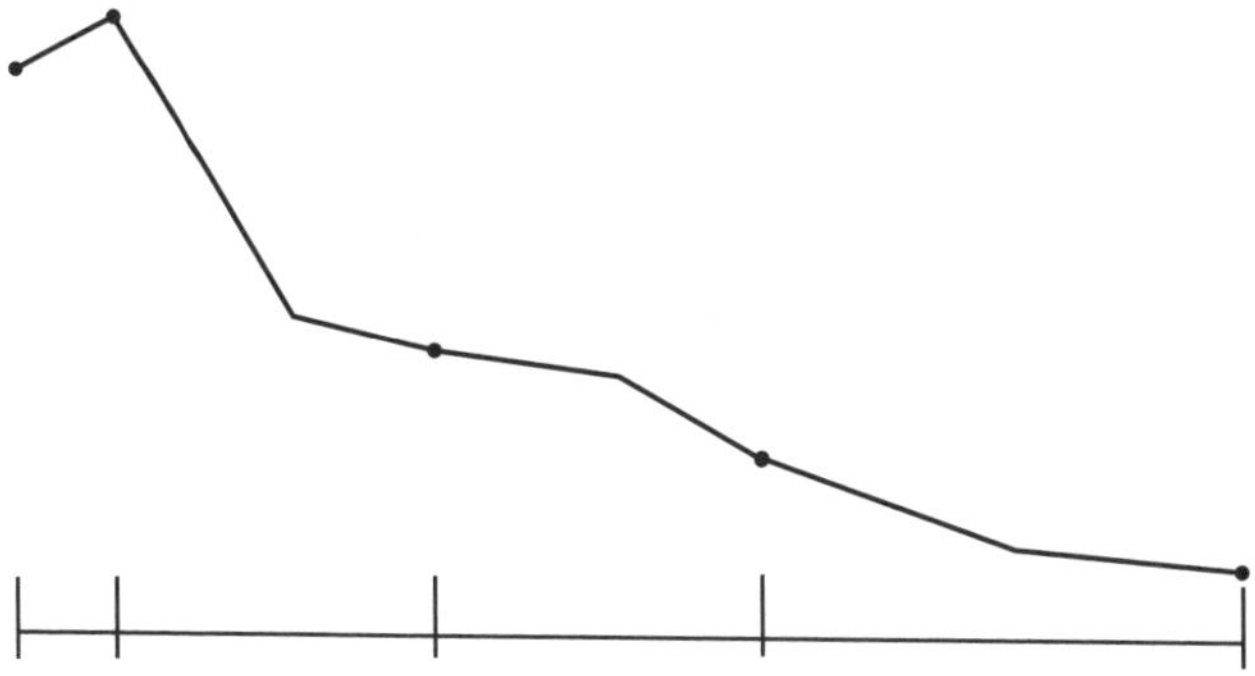

個人追究で各自構造曲線をつくることができたら、お互いのかいたものを説明し合い、交流していきます。同じ場面の中では線の上がり下がりの数や、角度、高さを観点にして比較し合い、互いの読みに触れさせます。

テーマを考えていくために必要なのは、構造曲線の峰に当たる箇所の検討です。クラス全体で話し合いたいです。

私は、「じゅうを下ろして」のところです。

ぼくは、「ただの鳥に対して…」のところです。

クライマックスの頂点は人によって解釈が分かれることが多いです。そうしたら、なぜそこが最も大きな変化のあるところと言えるのかを検討します。検討したら、改めて自分なりのクライマックスの頂点をもたせ、なぜ変化したのか考えさせることで、テーマが見えてきます。

【文章構成図】段落の関係を整理しよう

「アップとルーズで伝える」（光村図書四上）

こんな場面で

文章構成図をつくることとは、段落相互の関係を理解するのに大変役立ちます。また、文章構成図をつくるには、内容のまとまりを捉えていかなければなりませんので、文章を集中して読む必要があり、内容の理解度を高めることにもつながります。

単元の中、いつ行うかについては大きく3通りの方法があります。

1つ目は、単元の導入段階で行うものです。まだ、内容理解をまったくやっていない段階での取組です。多くの子が苦労する活動になります。構成図をがんばってつくろうとすることで、文章全体の内容や段落相互の関係への関心を促すことができます。

2つ目は、本論の内容理解を済ませた後に行うものです。読み取った本論の内容を意識して、構成図をつくります。そうすることで、文章全体の流れを俯瞰し、段落相互の関係をつかむことができます。

3つ目は、文章全体を「はじめ・なか・おわり」の3つに分けた後に行うものです。ここではまだ、本論の内容を読み取っていない段階ですので、本論の内容や段落相互の関係への関心を促すことができます。

それぞれにメリットはありますが、ここでは、2番目にあげた方法に沿って説明します。「アップとルーズで伝える」(全6時間)を「はじめ・なか・おわり」の3つに分けた後、本論のそれぞれの段落の内容を簡単にまとめます。その後に本時を行います。

本時のねらい

「アップとルーズで伝える」の文章全体を文章構成図に整理することを通して、文章全体の段落相互の関係を捉えることができる。(C(1)ア)

授業展開

①学習課題を設定し、課題解決の見通しをもち、個人追究を行う

文章全体の大まかな内容について読み取ってきたことを基に、それぞれの段落の関係はどのようになっているのかをつかむという学習課題を設定します。

そのために文章構成図をつくることを投げかけ、文章構成図のつくり方についてモデル学習を行います。次のような文章を示して、モデル学習を行います。

①魚には、海に住むものと川や池・湖に住むものがいます。
②海に住むものを海水魚といいます。
③川や池・湖に住むものを淡水魚といいます。
④それぞれにとくちょうがあります。

この文章を使って、学級全員で構成図を考えます。このときに、二者択一で考えさせると能率的に活動を進めることができます。

AとBではどちらが正しい文章構成図でしょう。

A

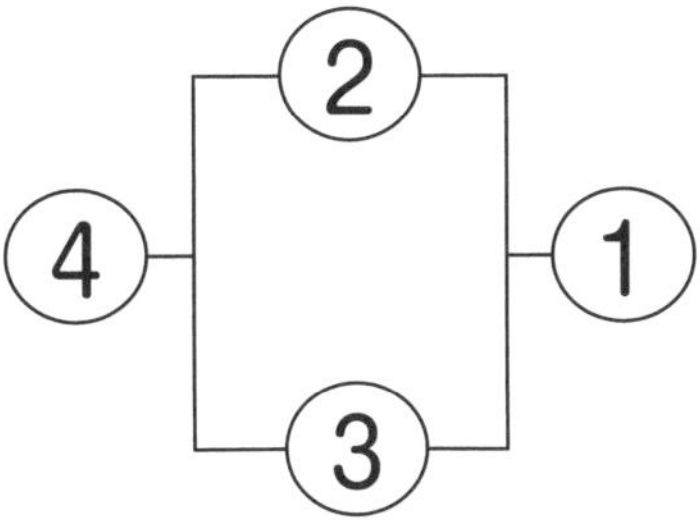

B

②と③のつながり方を考えよう。

①で出された話題に対して、それぞれが詳しい説明になっています。②で説明されていることと③で説明されていることは対等なので、Aが正しいです。

A

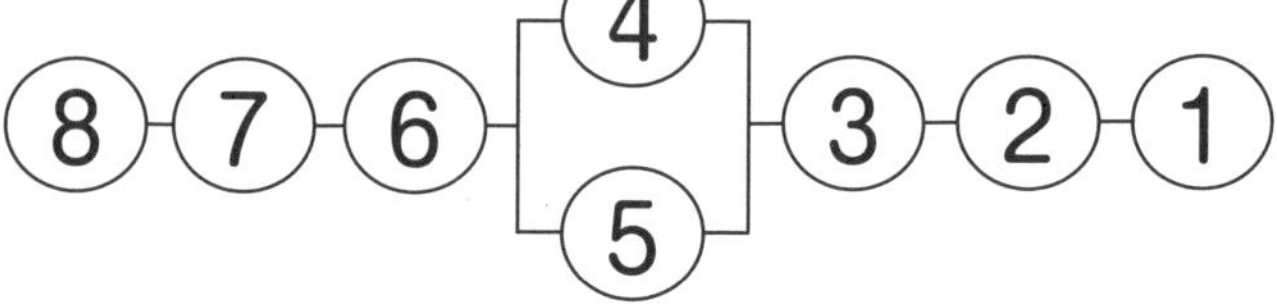

このようにして、段落同士のつなぎ方を考える学習を行って、文章構成図のつくり方について見通しがもてたら、各自で文章構成図をつくっていきます。

②協働追究を行う

個人追究をさせた後、協働追究を行います。

全体追究に入る前にグループで検討し合い、グループで考えをつくってホワイトボード等に書き、全体追究のときに発表させると、ある程度絞り込んだ考えについて検討すればよいので取り組みやすくなります。

各グループの文章構成図を発表していきましょう。

私たちのグループは、Aのようになりました。アップとルーズで枝分かれして、⑥でまとめているからです。

ぼくたちのつくった文章構成図はBのようになりました。アップとルーズで枝分かれするところは、前に発表したグループと同じ

B

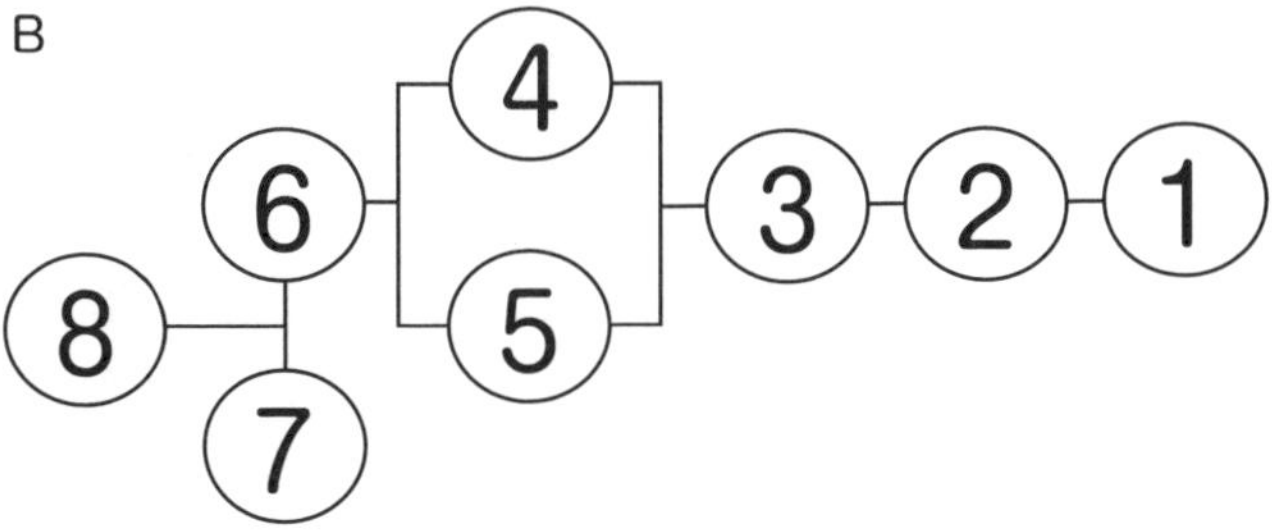

ですが、その後は、アップとルーズのことを⑥でまとめてから、⑦では写真のことを説明しているので、④から⑥と⑦は別にしました。

今の意見について、みなさんはどう思いますか?

確かに、④から⑥はテレビのことで、⑦は写真のことなので、別にした方がよいと思います。

⑥はテレビでのアップとルーズの使い分け、⑦は写真でのアップとルーズの使い分けなので、Bの方がよいと思います。

このようにして、学級全体で文章構成図を1つに決めていきます。構成図の検討をすることで、内容の読み取りをしながら、段落相互の関係を考えることができます。

【レーダーチャート】
周也と律はどんな人物なのだろう？

「帰り道」（光村図書六）

こんな場面で

5、6年の「読むこと」の指導事項には、登場人物の相互関係を捉えることがあります。人物の相互関係を捉えていくためには、登場人物の関係が生まれる基となるそれぞれの人物の個性を把握することも効果的です。

例えば、せっかちな人物Aとおっとりした人物Bということをつかんでおけば、AがBに働きかけることが多いことに対して納得がいきますし、時にBがAに働きかけることがあれば、物語の重要な場面につながるかもしれないと考えることもできます。

そして、人物の個性というのは、「モチモチの木」の豆太のように、「気が小さい」という面もあれば、「家族のためには勇気が出せる」といった多面的な要素で成り立っています。

登場人物のレーダーチャートをつくることによって、必然的に登場人物を多面的に検討することができます。

1人の人物についてレーダーチャートをつくることでも、その人物の個性を浮き彫りにすることができるのですが、2人の人物についてレーダーチャートをつくることによって、登場人物の差異をより鮮明に感じ取ることができます。

東京書籍の教科書では「風切るつばさ」（6年）に登場するクルルとカララ、光村図書の教科書では「帰り道」（6年）に登場する周也と律についての分析をすると、両者の個性がよくわかります。

ここでは、「帰り道」（全4時間扱い）での活用例を紹介します。

第1時間目で初発の感想を書き、交流した後の第2時間目です。

本時のねらい

レーダーチャートをつくることによって、周也と律はどのような個性をもっていたのか

を捉えることができる。（C(1)エ）

授業展開

①学習課題を設定し、課題解決の見通しをもつ

学習課題を設定し、レーダーチャートをつくり、個性を分析していくことを投げかけます。

まず、どのような観点で分析していくかを決めていきます。

物語の読み取りがある程度進んだ段階であれば、子どもが話し合って観点を決めることや、各自で観点を設定して人物を分析し、それを共有することが望ましいです。まだ読み取りが進んでいない段階や、はじめてレーダーチャートを使う場合には、教師が積極的に介入し、観点を決めていくことが、その人物に合った観点で分析をすることにつながります。

ここでは、「友だち思い」「よくしゃべる」「せっかち」「深く考える」「のんびり」の5つの観点で分析していきます。

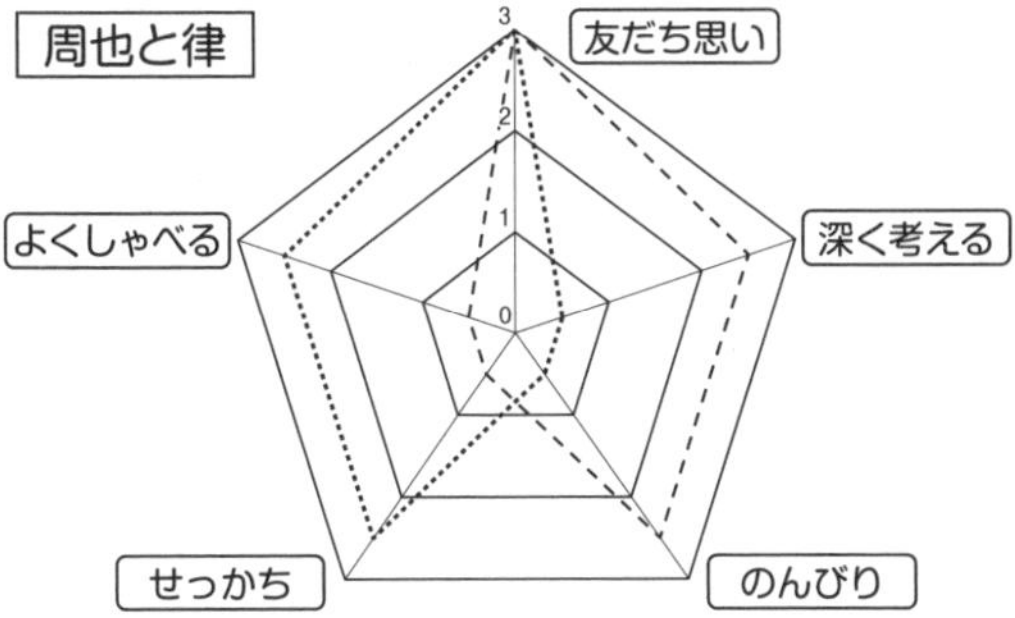
周也と律
友だち思い
深く考える
のんびり
せっかち
よくしゃべる
3
2
1
0

②個人で考える

レーダーチャートをつくっていくときに、それぞれの段階とした根拠を教科書の中に求めるようにさせます。

③協働追究を行う

レーダーチャートができたら発表し合います。ここでの発表のポイントは、それぞれの観点に対する段階を比較し合うことと、それぞれの考えの理由を聞き合うことです。

周也の「よくしゃべる」を3段階中の2・5にしたのは、「ぼくの言葉は…むだに打ちすぎる」とあって、打ちすぎると思うくらいよくしゃべるからです。

このようにお互いの根拠とする叙述を知り合うことによって、読みが確かになっていきます。授業の終わりには2人の個性を比較して思ったことを出し合います。

【たこやきボックス】

心に残っているできごとを思い出そう

「『ことばのアルバム』を作ろう」（東京書籍二下）

こんな場面で

1つのテーマに沿って、具体的な事柄を想起していく必要のある局面は数多くあります。スピーチを考えたり、話し合いの前に自分の意見をつくったり、作文に書くことを考えたりする場合には、欠かすことのできない活動です。

この他にも、俳句や短歌を考えたり、詩をつくったりする場合にも、テーマに沿って具体的な事柄を想起することが必要になります。

テーマに沿った具体を考えていく際に、とにかくテーマに関連したことを思い浮かべていくという方法と、観点を設けて具体を考えていく方法があります。これらは段階的に使うと効果的です。とにかくテーマに関連した具体を思い浮かべることで、どんなことについて表現したいのかをはっきりさせます。そのうえで、選択したことについて、観点を設けて具体的に想起していきます。こうすることで、書きたいことや書きたい内容を無理なくもつことができます。

ここでは、「『ことばのアルバム』を作ろう」（7時間扱い）を教材にした、1年間で思い出に残っていることを作文に書く単元での、たこやきボックスの活用例を紹介します。各自が1年間で一番思い出に残っている出来事を選択し、選択した事柄についての具体を考えていく授業です。

本時のねらい

1年間で一番心に残っている出来事について、たこやきボックスを使い、観点に沿って具体的に思い出すことができる。（B(1)ア）

授業展開

①学習課題を設定し、課題解決の見通しをもつ

まず、前時で各自が決めた、作文に書きたい「1年間で一番思い出に残っていること」を確認します。次に、教師モデルを子どもたちと一緒につくりながら、材料集めの方法について共通理解を図ります。

先生の一番の思い出の「うんどうかいのダンス」をたこやきボックスの上の□の中に書きます。そうしたら、○の中の「いつ」「どこ」「だれ」「なに」「なぜ」「どのように」に合わせて、中身を書いていきます。先生の場合、「いつ」には、「うんどうかいまでまいにち」、「どこ」には…

このように、記入の仕方を理解させていきます。その際、特に「なぜ」「どのように」についてはやや難しいため、「どうしてがんばろうと思ったのか」「どんな感じで練習したか」といったように、観点をかみ砕いて説明することが必要になります。

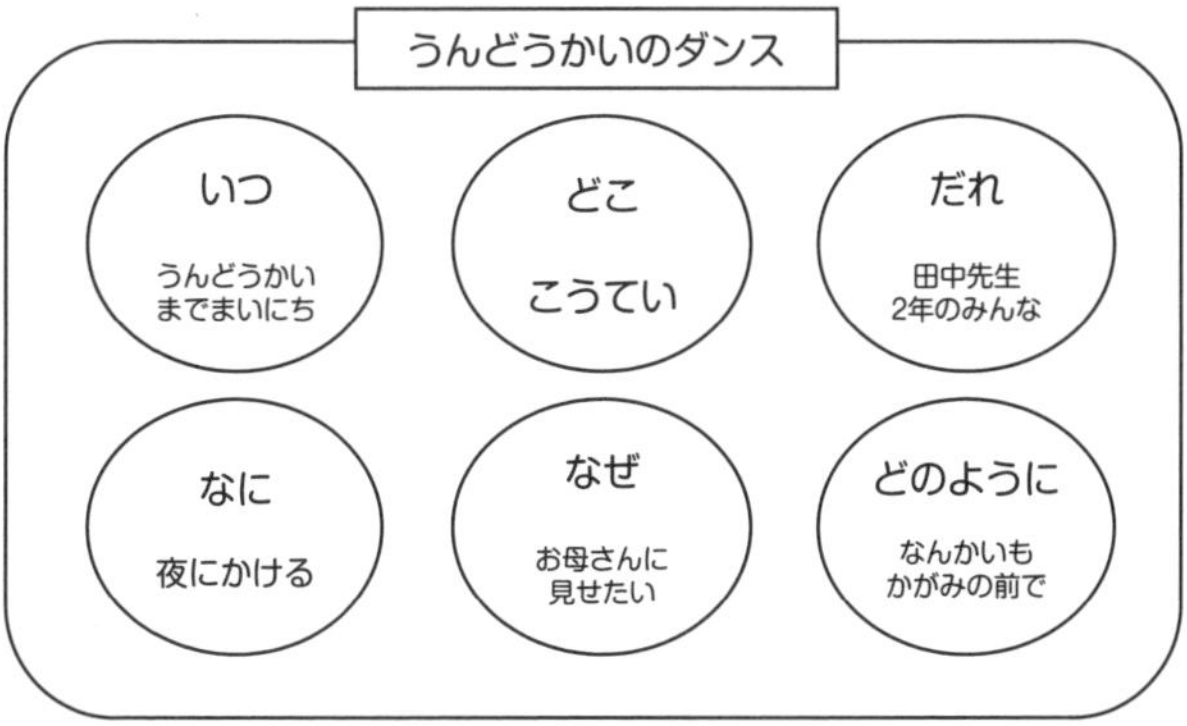
うんどうかいのダンス
いつ
うんどうかい
までまいにち
どこ
こうてい
だれ
田中先生
2年のみんな
なに
夜にかける
なぜ
お母さんに
見せたい
どのように
なんかいも
かがみの前で

②個人追究を行う

個人でたこやきボックスに書き込みをしていきます。このときに、同じ行事について書こうとしている子は近くの席に座らせるようにしていくと、忘れてしまっていることを補い合うことができます。

③協働追究を行う

基本的に各自の課題に沿って進めているため、基本的な内容の重なりはあまりないのですが、特に、「なぜ」「どのように」に関するお互いの見方から学ぶことができます。

次時に、たこやきボックスに書き出したことを基に文章をつくっていきます。文章が書けたら、体験を通して思ったことを一番後ろに書くようにします。完成したら、読み合わせをします。

【吹き出し】

がまくんとかえるくんになってみよう

●●● 「お手紙」（光村図書二下ほか）

こんな場面で

登場人物の気持ちは、「このときの○○はどんな気持ちだったのでしょう」とか「なぜ△△したのでしょう」と尋ねるよりも、吹き出しをつくってそこに会話文の形で書かせる方が円滑に答えられる場合が多くあります。

なぜ、そのようなことが起きるのでしょうか。

それは、吹き出しの中に会話文の形で書くことにより、読み手が登場人物に自分を重ねる、つまり、同化することがしやすいからです。

特に低学年では、吹き出しに会話文を入れることは効果的です。また、高学年でも、例えば「海のいのち」でクエと対峙したときの太一になって「この魚をとらなければ、…太一は泣きそうになりながら思う」と「水の中で太一は…銀のあぶくを出した」の二文の間に吹き出しをつくって2つの文がつながるように会話文を入れさせて、太一の心情の変化を考えさせるということもできます。

また、登場人物の気持ちは、1つの箇所で1つとは限りません。特にクライマックスの箇所等では、複数の気持ちがあることも多いでしょう。従って、吹き出しをつくる際には、1つの箇所に対して、複数の吹き出しを用意して、いくつか書いてよいことを伝えます。

複数の吹き出しを書く中で、子どもは自分の読みをだんだんに広げたり、また、つなげたりしていきます。

ここでは、「お手紙」（12時間）で、かえるくんががまくんに手紙を書いたことを告白した後、2人がとても幸せな気持ちで、玄関に座っていたときの「幸せな気持ち」の具体を、吹き出しを使って想像させる授業について紹介します。

本時のねらい

吹き出しを使い、とても幸せな気持ちで玄関に座っていたかえるくんとがまくんの具体的な気持ちを想像することができる。（C(1)エ）

授業展開

この場面は、かえるくんが手紙を書いたこと、そして、内容をがまくんに伝えた後、玄関で、２人で手紙を待つところです。「とても幸せな気持ち」と書いてあるので、「玄関の前で手紙を待つ２人はどんな気持ちでしたか？」と聞くと、子どもは「幸せな気持ち」と答えるのが自然です。ここでさらに、「もっと詳しく教えてください」と追及すると、子どもが答えに窮してしまうということが起こりがちです。吹き出しにすることによって、自然に「幸せな気持ち」以外にも具体的な気持ちが想像されます。また、この場面では、例えば、がまくんは、はじめて手紙をもらえるという喜び、「親友」のかえるくんからもらえるという喜び、かえるくんから「親友」と言ってもらったことへの喜びといった、同じ喜びですが、様々な内容の喜びの感情をもっています。吹き出しを複数つくることで、多様な気持ちを想像することができます。

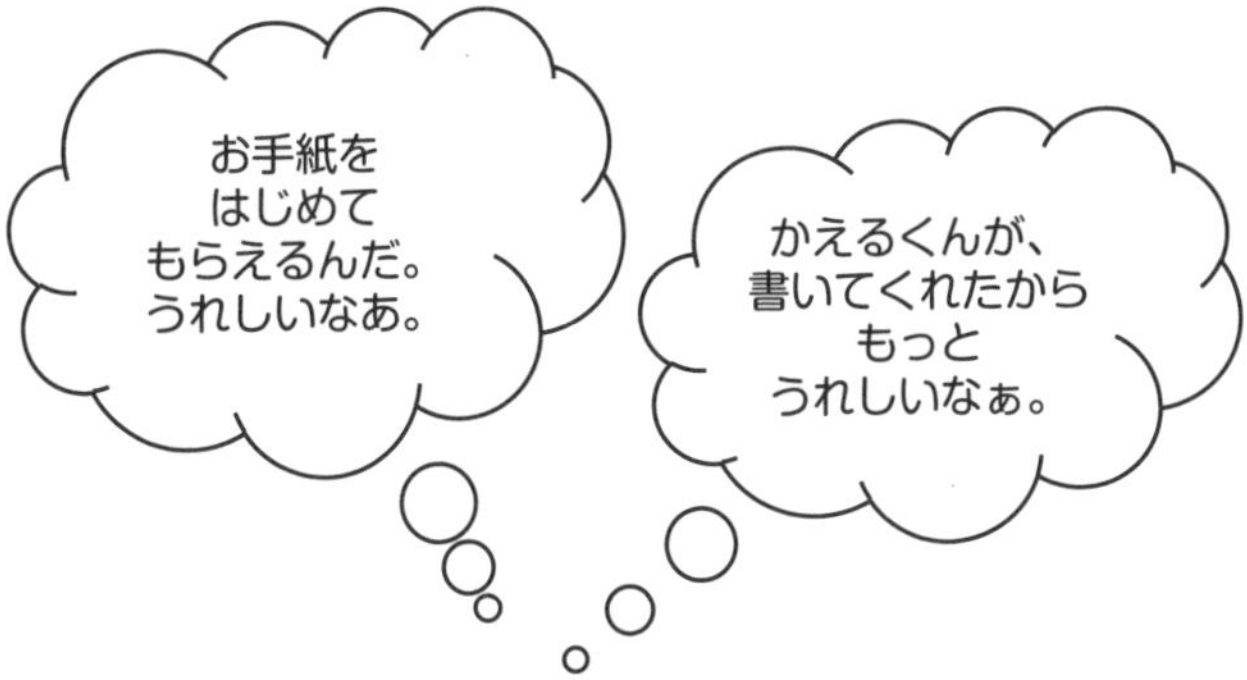
お手紙を
はじめて
もらえるんだ。
うれしいなあ。
かえるくんが、
書いてくれたから
もっと
うれしいなぁ。

①学習課題を設定し、課題解決の見通しをもつ

学習課題を設定し、吹き出しの書き方を指導します。

とても幸せながまくんになって、吹き出しの中に心の中でかえるくんに言っていた言葉を書きましょう。1つの吹き出しに1つを書きましょう。

②個人追究の後、協働追究を行う

まず、ペアになってどのようなことを書いたのかを発表し合います。

発表するときには、できるだけ、どうしてそう書いたのかの理由や、どこから考えたかの根拠となる叙述を示すように伝えます。

その後、全体追究を行い、妥当性を検討しながら読みを広げ、深めていきます。

【帯グラフ】

はじめとおわりの豆太を比べよう

「モチモチの木」（光村図書三下ほか）

こんな場面で

物語の登場人物の性格や人物像を分析するために、帯グラフは効果的です。

この他にも、2人の登場人物について観点をそろえて帯グラフに表してみることによって、それぞれの登場人物の共通点や相違点が浮き彫りになり、それを生かして、登場人物の相互関係を読み取っていく学習を展開することができます。例えば、「風切るつばさ」（東京書籍六）のクルルとカララについて、「勇気」「素直さ」「思慮深さ」といった点で両者についてそれぞれ帯グラフにすると、2人の個性がよく見えてきます。

2つの帯グラフを使うという点では、1人の登場人物の物語のはじめの姿とおわりの姿をそれぞれ帯グラフにすることによって、登場人物の変化を捉えることができます。

この学習には、2つのよさがあります。

1つは、それぞれの読みの違いから学び合うということです。登場人物の変化の度合いや内容についてては読み手によって捉え方が異なります。お互いの捉え方の違いを聞き合い、検討し合うことによって、お互いの読みを豊かにしていくことができます。

もう1つは、変化の原因は何かという学びにつなげていくことができるということです。物語のはじめとおわりの様子をつかめたら、次はどうしてその変化が起きたのかを投げかけます。

ここでは「モチモチの木」（全12時間）での活用例を紹介します。物語の展開を読み取り、あらすじがつかめている状態で行います。

本時のねらい

帯グラフを使い、はじめとおわりの豆太を比べることにより、豆太の変化を捉えることができる。（C(1)エ）

授業展開

①学習課題を設定し、課題解決の見通しをもつ

まず、本時の学習課題「『豆太』は物語のはじめとおわりでどのように変わったのでしょう」を設定します。

次に、はじめとおわりの変化をつかむために、帯グラフを使うことを告げます。帯グラフは、算数では5年生で習う内容なので、それぞれの部分を全部足すと100になることを説明し、はじめの豆太を全体指導で読み取る中で、大まかに理解させていきます。

まず、はじめの豆太を帯グラフにしましょう。はじめの豆太はどんな子でしたか?

臆病です。「豆太ほどおくびょうなやつはない」と書いてあるし、夜になると1人でせっちんに行けないからです。

臆病レベルは、最大を100とすると、どのくらいですか?

このとき、子どもたちは、90、80など、それぞれの考えをもちます。隣同士で考えを伝

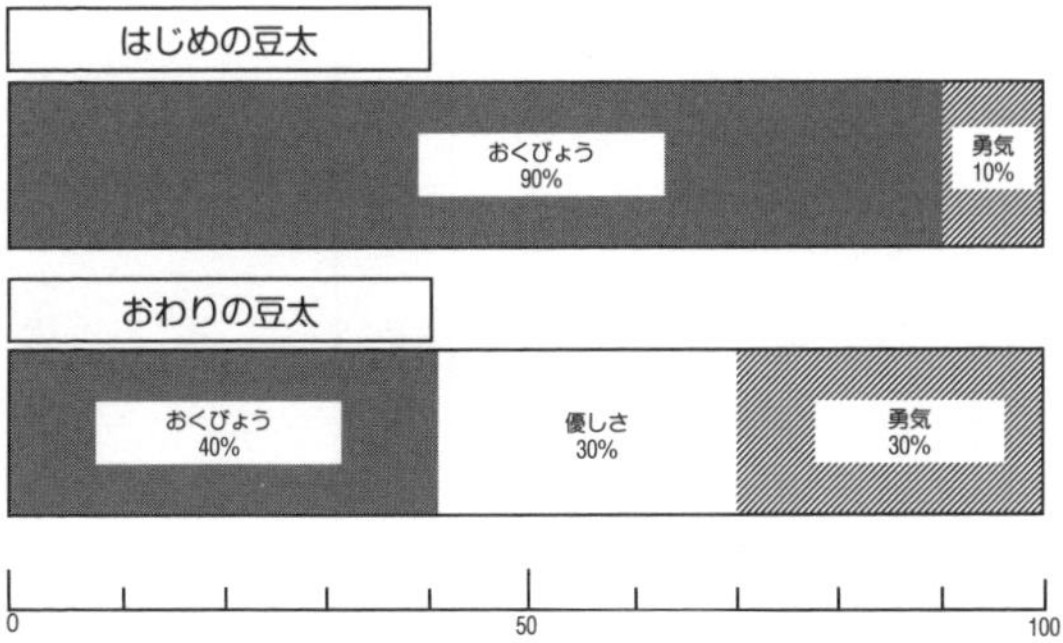

え合い、検討させます。叙述に基づいて理由を述べ合うことが大切です。また、例えば臆病が90だとすると、残りはどんな要素になるのかも出させます。おおむね臆病が多く、少し勇気があるという状況になります。

②個人追究を経て協働追究を行う

この後、おわりの豆太について各自で帯グラフをつくります。臆病・勇気の観点はそろえ、他の観点があれば入れてもよいことにします。医者様を呼びに行けたこと、それでも夜になるとじさまを起こすこと、このようなことを根拠に子どもたちがつくる帯グラフは人によりずれが大きくなります。各要素の割合は正解が1つではありません。お互いの読みを理解し合うことが大切です。

協働追究でお互いの考えを聞き合い、改めて自分なりの帯グラフをつくり、なぜ変化があったのかの疑問をもたせます。

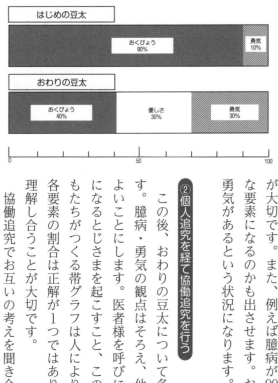

【おだんごチャート】

文章の組み立てを考えよう

「こんなもの、見つけたよ」（光村図書二上）

こんな場面で

文章を書くときには、テーマを決め、材料を集め、構成を考え、整えて書くという流れになることが一般的です。

おだんごチャートは、一つひとつの円が、「はじめ・なか・おわり」などの役割をもっています。従って、子どもが取材してきたことを、「はじめ・なか・おわり」のそれぞれの役割の円に書き込んでいくことで、構成メモをつくることができます。

ほかにも、子どもが取材をするときに、はじめからおだんごチャートに記録させることもできます。

それぞれの円に書き入れる際の観点を明確にしておくことで、無理なく取材をすることができると共に、文章化する際には、「はじめ」から順に文にしていくと、「はじめ・なか・おわり」のつながりのある文章を書くことができます。

取材してきたことと類似したことを改めて構成メモに転記するよりも、構成と取材する観点が決まっており、それに従って調べていく方が、効率がよいときもあります。あらかじめ構成段階で書く際に必要とすることの観点が決まっている方が、取材も焦点化します。

「なか」で説明する内容等が多いときには、円の数を増やして対応することができます。また、タブレット端末等を使う場合には、円の数を増やしたり減らしたりすることもできますし、並べ替えをすることもできます。

「なか」で述べる事例の順序を変えたいとき等に便利です。

ここでは「こんなもの、見つけたよ」（全10時間扱い）での活用例を紹介します。

本時までに子どもたちは、友だちに紹介したいと思う「おもしろいな」と思ったものをメモに書いていています。

本時は、調べてきたことを選んで、おだんごチャートに書いていきます。

本時のねらい

友だちに伝えたい「おもしろいな」と思ったことについて、おだんごチャートにまとめることができる。（B(1)イ）

授業展開

まず、前時につくったメモを確認し合います。がんばって調べたことを称賛し、文章化できそうか尋ねると、すぐできるという子もいますが、多くは、難しそうという表情になります。そこで、文章化の前に、書く順番を決め、それから文章を書いていくという流れを示し、学習課題「しらべたことをおだんごチャートに並べてまとめよう」を設定します。

①教師モデルでやり方をつかむ

はじめに、教師モデルを使って、おだんごチャートのつくり方の共通理解を図ります。このときに、大切なことが3つあります。

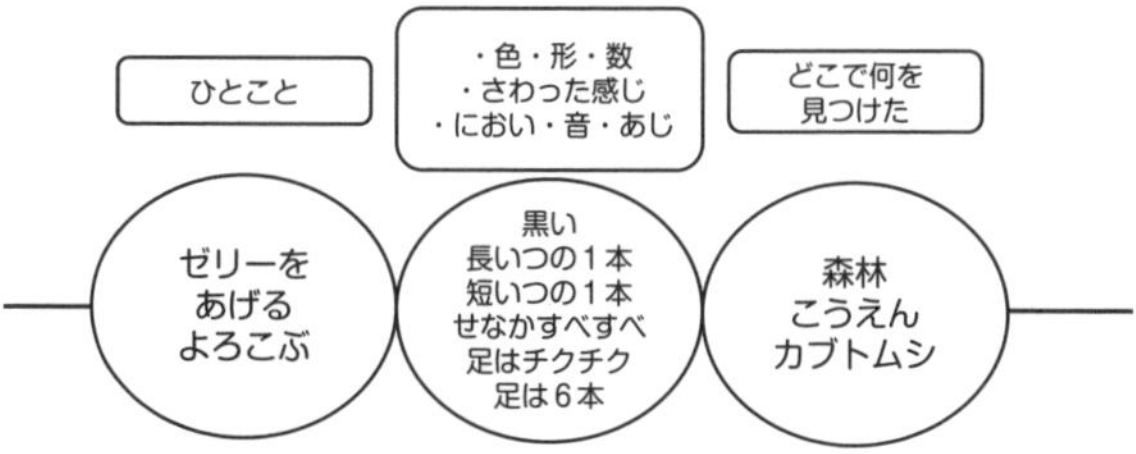
ひとこと
・色・形・数
・さわった感じ
・におい・音・あじ
どこで何を
見つけた
ゼリーを
あげる
よろこぶ
黒い
長いつの1本
短いつの1本
せなかすべすべ
足はチクチク
足は6本
森林
こうえん
カブトムシ

1つ目は、「はじめ・なか・おわり」のそれぞれの円の中には何を入れるのかを具体的に示すことです。

2つ目は、「なか」に書く内容です。例示したものには複数の観点が入っています。あげられている観点すべてのことが取材できるものもあれば、そうではないものもあります。示されている観点に対応することすべてを書くのではないということです。なお、取材用のメモにも同様の観点が示されていることが必要です。

もう1つは、終わり方です。感想など、取材を通して思ったことを入れる、取材対象の様子などについてとっておきのことを書くなど、「おわり」で書く内容はそれぞれの子の意図により変化します。

②個人追究、協働追究を行い、再び個人追究に戻す

やり方がわかったら、各自でおだんごチャートをつくります。できあがったら相互評価を行い、観点と内容との対応を確認します。評価を受けて修正を行います。

【サークルチャート】

物語の感想を書こう

「大造じいさんとガン」（光村図書五ほか）

こんな場面で

物語を教材とした学習では、単元のはじめやおわりに感想を書くことがよくあります。感想を書くときには、2つのことを大切にします。

1つは、物語を読み、感じたことを多様な面から書くことです。登場人物の行為を見てすばらしいと思ったことや、共感できること、美しい表現に対する感動など、複数の点から物語の感想が書けることは、物語の味わいを深めることになります。

もう1つは、筋道の通った考えをもつことです。例えば、なんとなくの印象で登場人物が思いやりがあると思ったといったものではなく、どの叙述を根拠にして、どのような理由で、思いやりがあると思ったかを意識できることが大切です。

このような多面性と一貫性を備えた考えをつくるために、サークルチャートは効果を発揮します。

ここでは「大造じいさんとガン」（全7時間扱い）で、初発の感想を書く授業でのサークルマップの活用例を紹介します。

本時のねらい

サークルチャートを使い、「大造じいさんとガン」の初発の感想を、様々な点から筋道立てて書くことができる。（C(1)オ）

授業展開

①学習課題を設定し、課題解決の見通しをもつ

本時は「大造じいさんとガン」の初発の感想を書くことを子どもたちと確認します。

教師の範読を聞く際、おもしろいと思ったところや、疑問に思ったところなど、心に残

ったところに傍線を引くよう指示し、範読します。

②個人追究を行う

各自でサークルチャートに感想を書いていきます。

その前に書き方のモデル学習を行います。まず、真ん中の円に「大造じいさんとガン」と書かせます。次に、「観点」は円の内側から「思ったこと」「なぜ」「どこから」となるように書かせます。そのうえで、感想の例を1つつくります。

まず、思ったことを1つ言ってください。

残雪は勇気があると思いました。

では、中心から二番目の円に「残雪は勇気がある」と書きます。
なぜそう思ったのですか?

仲間のガンを助けるためにハヤブサと戦ったからです。

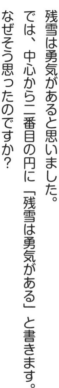

では、中心から三番目の円に「仲間のガンを助けるためハヤブサと戦う」と書いて、「残雪は勇気がある」とつなげます。どこからそう思ったのですか?

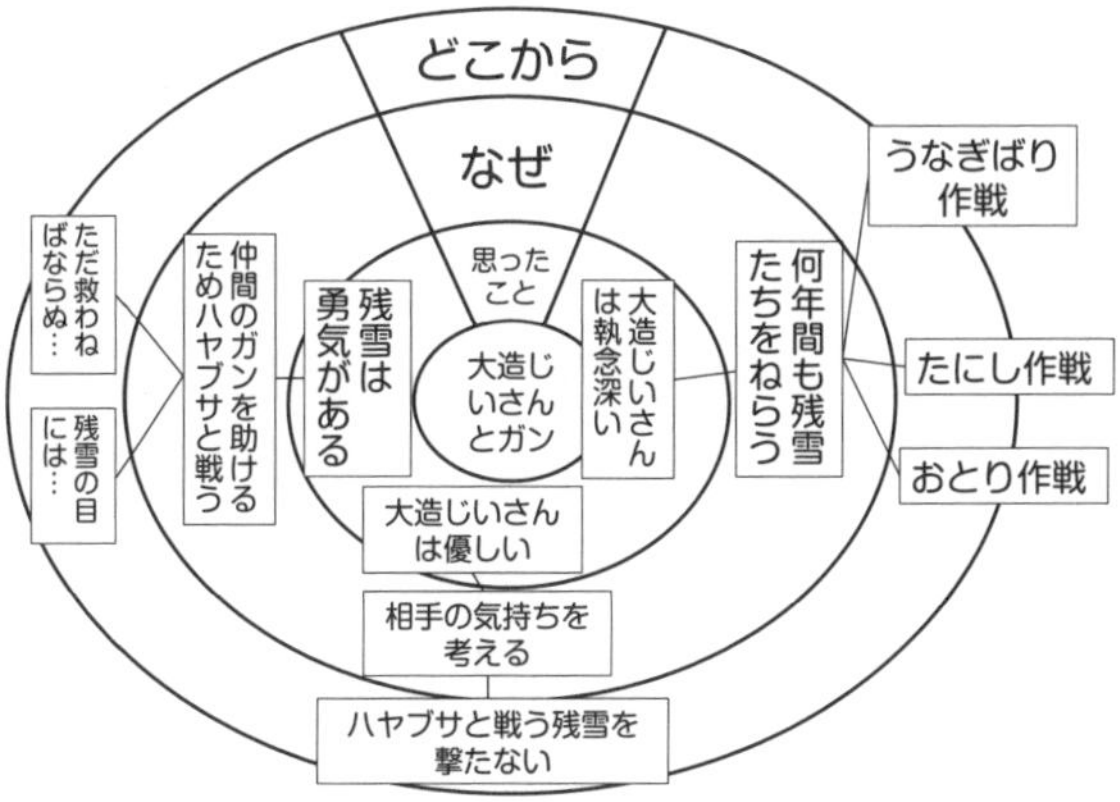

「ただ、救わねばならぬ…」です。

他にもあります。その前の文の「残雪の目には…」も仲間を助けようとしている所です。今の2か所は一番外側の円に書いて、「仲間のガンを助けるためハヤブサと戦う」につなげましょう。このように、2か所とつなげてもいいです。また、「思ったこと」から書き始めても、「どこから」から書き始めても構いません。

③協働追究を行い、再び個人追究を行う

個人でサークルチャートをつくったら、各自が書いたものを紹介し合います。お互いの感想を読むことで、自分では気づかなかった読みを発見し、自分の感想につけ足しなどをしていきます。

［棒グラフ］

かえるくんとがまくん、より悲しいのはどっち？

●●●「お手紙」（光村図書二下ほか）

こんな場面で

物語には、中心人物が必ず登場しますが、多くの物語では、中心人物に大きな影響を与える人物もまた登場します。「ごんぎつね」の兵十、「モチモチの木」のじさまのような人物です。このような人物を「対人物」と呼びます。

物語を読むときに、その両者を比べることで、両者の性格や考え方の違いが見えてきたり、各場面での登場人物の気持ちが想像できたりすることがあります。

そのために、ある観点を設定して複数の人物を比較する棒グラフは効果的です。

一見類似している設定となっている人物の違いをグラフで見える化してみることで、共通点や相違点が顕在化します。

例えば、「ごんぎつね」で、ごんと兵十のそれぞれの寂しさを棒グラフにしてみる、「海のいのち」で、太一の父親と与吉じいさの海の生き物を大切にする気持ちを棒グラフにしてみるといった活動により、それぞれの登場人物の設定や考え方、各場面での気持ちをより深く捉えることができます。

ここでは、「お手紙」（12時間扱い）を教材にして、冒頭場面でのかえるくんとがまくんの「不幸せ度」の違いを棒グラフにして表すことで、それぞれの様子や気持ちを想像させていくことをねらいます。物語全体の場面分けを行った次の時間の授業です。

なお、本時は冒頭での「かなしい度」についてグラフ化しました。同じように、かえるくんとがまくんが幸せな気持ちで手紙を待っている場面も「幸せ度」のグラフをつくってみると、2人それぞれの幸せの内容の共通点、相違点について読み深めていくことができます。

本時のねらい

冒頭場面で「かなしい気分で、げんかんの前にこしを下ろして」いるかえるくんとがま

くんの「かなしい度」を棒グラフにすることにより、それぞれの悲しみを想像することができる。（C(1)エ）

授業展開

①学習課題を設定し、課題解決の見通しを立てる

がまくんの家にかえるくんが訪ねてきたところから、2人が悲しい気分で玄関の前に腰を下ろしていたところまでを、2人のうちのどちらの方が悲しいのかを考えさせながら音読させます。そして、学習課題を設定し、2人の「かなしい度」を棒グラフにすることを投げかけます。

かえるくんとがまくんではどちらが悲しいのかを調べるために棒グラフをつくってみましょう。それぞれの悲しさを棒で表してください。一番悲しくて10です。グラフの上に数字を書いてください。理由も考えてくださいね。

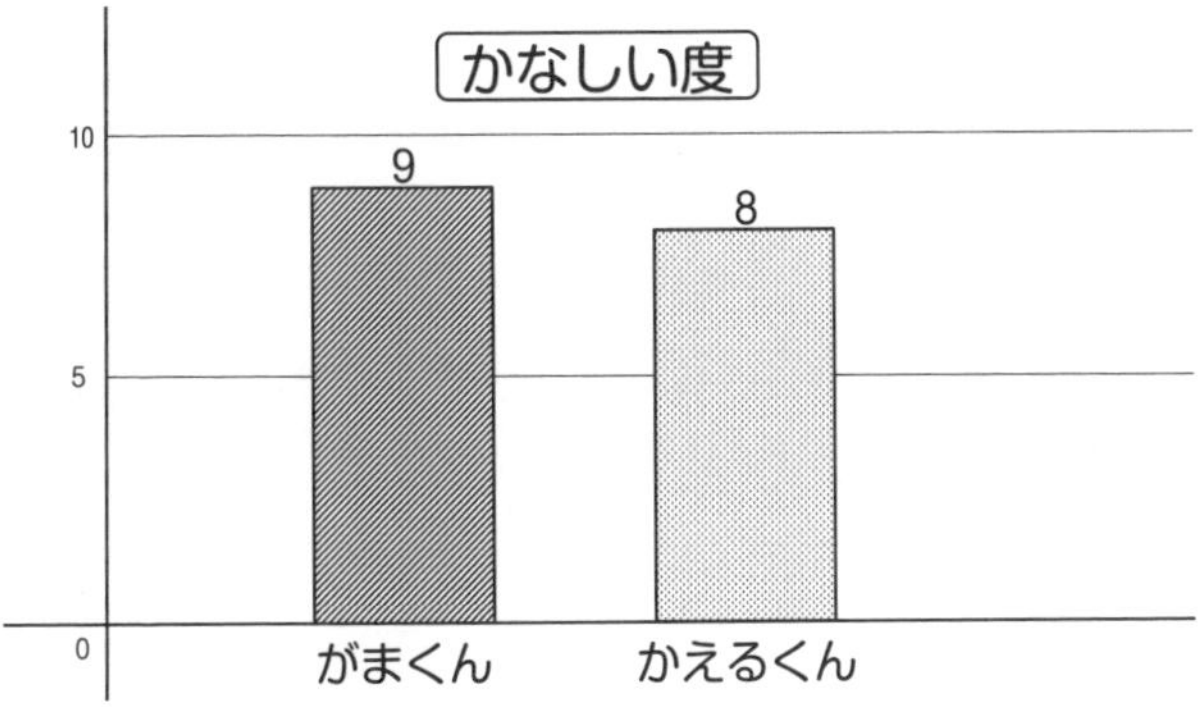

②個人追究を行ったうえで協働追究を行う

自分のグラフがどうなったか発表しましょう。理由も言いましょう。

私は、がまくんが悲しい度9で、かえるくんが少しだけ少なくて8です。理由は、がまくんを見ていたらかえるくんも悲しいけれど、手紙をもらえないのはがまくんだから、がまくんの方が悲しいと思います。

ぼくは少し反対で、かえるくんも9で同点になりました。2人は親友だから、…

このように、それぞれのグラフの結果を述べ合う際の「理由」に、登場人物の様子などの読みが表れてきます。話し合いの後、改めて個人で考えさせます。

【物語の地図】

女の子のたどったあとを地図にかこう

●●●「初雪のふる日」（光村図書四下）

こんな場面で

物語を読む際、子どもたちの中にはストーリーを読み取ることに意識が偏り、一つひとつの叙述を読み流してしまう子どもがいます。登場人物が旅をしていく物語の場合、物語の地図は物語の流れを把握すると共に一ひとつの描写への着目も促すことができます。

物語の地図をつくらせることで、子どもの意識の範囲はストーリー展開と共に、文章に書き込まれた具体的な事物に及んでいきます。見つけた事物を地図に書き込んでいくことで、子どもは描写を読み取っていきます。個人で地図をつくったら、子どもたち同士でどのようなことをかき込んだのか交流をさせることが必要です。他の子がかいた地図の説明を聞き、自分では見落としていた叙述に気がつくことができますし、反対に自分の地図を

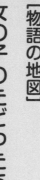

説明することにより他の子の見落としを補うこともできます。

子どもたちに地図の交流をさせ、お互いの読みをより緻密にしていくために大切なことは、最低限必要なことは共通してかき込んでから地図づくりを始めることです。例えば、中心人物がはじめにいた場所や、最後に到着した場所は決めておく方がよいでしょう。地図の大まかな全体像が共通していることにより、お互いの違いに気がつくことが容易になるからです。

また、中心人物をどのようにして地図にかいていくかということも、原則を共通認識していることが活動を円滑に進めることにつながります。中心人物の絵は基本的にはかかず、所々で書き込まれている体験や気持ちを、吹き出しなどを使って書くようにします。このときに、子どもが想像した中心人物の気持ちや、感想を書くことも、物語と対話しながら読むためには大切なことです。ただし、物語に書かれていることと想像したことがごちゃ混ぜにならないように、物語に書いていないことは色を変えて書いたり、吹き出しの形を変えて書いたりすることが必要です。

ここでは「初雪のふる日」（7時間扱い）での物語の地図の活用例を紹介します。前時、物語の初発の感想を書き、本時は物語の流れを整理する時間です。

本時のねらい

物語の地図をかくことにより、「初雪のふる日」の全体の流れを読み取ることができる。(C(1)イ)

授業展開

①学習課題を設定し、追究の見通しをもつ

「初雪のふる日」は、一文が短く、テンポよく物語が進んで行きます。一読しただけでは、物語の中で女の子が何と出会って、どのような出来事が起きたのかを把握することは難しいです。

そこで、この時間では、物語の地図をかくことにより、女の子がどこを通り、どんな体験をしたのかをまとめていくという学習課題を子どもたちと確認します。

まず、物語の中で女の子がどこを通り、何をしたのかを確認しながら音読させます。

そのうえで、物語の地図のかき方を説明します。

あらかじめ物語のスタート地点とゴール地点を決め、一本道とあわせて板書で示します。子どもたちにも、自分のノート（あるいは白紙）にスタート地点とゴール地点の印をつけさせ、一本道をかき込ませます。細かなことをかき込むためには、A3判程度の大きさの紙があるとよいでしょう。

印をつけたら、物語の冒頭部分の地図を全体でつくっていきます。その活動を通して、地図づくりの見通しをもたせます。時と場所ははじめに押さえます。

これから物語の地図をかいていきます。いつ、どんな日でしたか？
「秋の終わりの寒い日」です。
物語のスタートのとき、女の子はどこにいましたか？
「村の一本道」です。
何をしていましたか？
「しゃがんで」いました。
「だれが、石けりしたんだろう」とつぶやいています。
スタート地点に、「秋の終わり　寒い日」「だれが、石けりしたんだろう」と書きます。出来事や会話文など絵にかけないものは言葉で書きます。

女の子は何を見ていましたか？
「ろうせきでかかれた石けりの輪」を見ていました。
どのくらいありましたか？
「どこまでも続いて」いました。
これは絵にかけますか？
かけます。
このように、絵にかけるものは簡単な絵でかきます。

絵を挿入することを指導する際には、簡単な絵でかくようにさせます。丁寧な絵をかいていると、とても時間がかかってしまいます。

②個人追究を経て、協働追究を行う

かき方を確認したら、うさぎが登場するまでの場面を各自で地図にかいていきます。
その後、隣の子とペアになり、地図にかいたことを伝え合い、補い合っていきます。

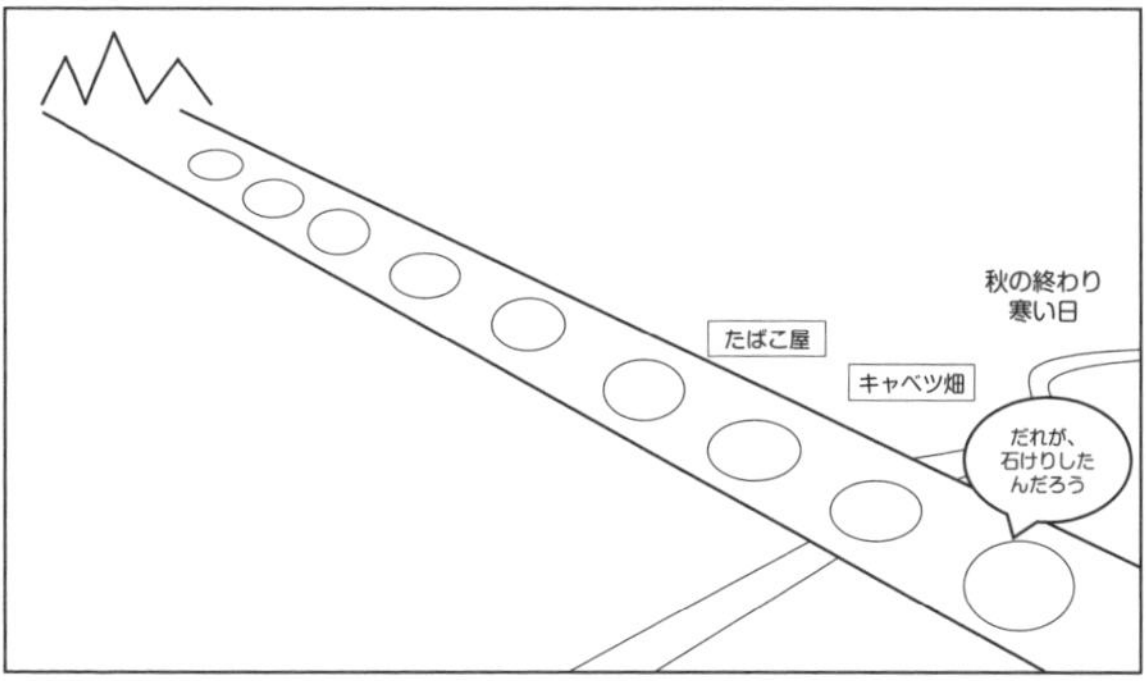

ペアでの確認が終わったら、全体で確認をします。教科書にも挿絵が載っていますが、たばこ屋、店番のおばあさん、歯をむき出してほえる犬など、文中に書かれているものが地図にかいてあるかどうか、子どもたちがかいたものを発表させながら、確かめていきます。

このようにして、活動のはじめの段階で、活動状況を確認することで、この後再び各自で地図をつくる際に、何をどうかいたらよいのかを明確にします。

③再度個人追究を行い、協働追究で内容の確認をする

うさぎが登場して以降の物語を地図にかかせていき、本時でできた分までを確認し合います。1時間ではかききれない子が多くいるので、次時や家庭学習で続きをかきます。

この活動を丁寧に行うことで、ストーリーと共に描写も把握していくことができます。

【すごろくチャート】

冒険物語をつくろう

●●●「たから島のぼうけん」（光村図書三下）

こんな場面で

物語を想像していく際には、子どもたちに、物語を考えるための「タネ」となる情報が必要となります。

例えば、起承転結の「転」にあたる部分の3コマ目が空欄になった4コマ漫画があって、そこではいったい何があったかを個人やクラス全体で想像し、発想を膨らませる活動や、絵や写真を見て、想像させる活動などがあります。

絵や写真を見て、物語の「タネ」をもてたら、物語の構成に合わせて、各場面での出来事のメモをつくっていく場合が多いです。

物語を「はじめ」「なか1」「なか2」「おわり」として、表をつくっていく場合がよくあります。この表が円滑にできる子もいますが、なかなか進まない子もいます。

このようなときには、少しずつ順番に物語を考えることで、全員が物語の構成に沿って内容を考えることができます。

ここでは「たから島のぼうけん」（全10時間）をベースにして、物語の構成をすごろくチャートによって考えていく授業の方法について紹介します。

前時は、宝島の地図を見て、物語の内容を想像しています。

本時のねらい

すごろくチャートを使い、冒険物語の構成を考えることができる。（B(1)イ）

授業展開

①学習課題を設定し、課題解決の見通しをもつ

まず、本時の学習課題「冒険物語の組み立てをつくろう」を設定します。

次に、物語の基本的な場面構成について説明します。

今回書く物語の場面は、大きく4つに分かれています。まず、「始まり」です。始まりには、登場人物、時、場所を書きます。また、物語が始まるきっかけを書きます。次が、「出来事が起きる」です。いろんな出来事がここでは起きていきます。三番目は「出来事が解決する」です。困ったことが解決したり、中心人物ががんばってきたことが達成されたりするところです。最後は「結び」です。その後どうなったかを書きます。

このようにして、大きな場面についての説明をしたら、すごろくチャートのかき方について、教師モデルをつくりながら説明していきます。

すごろくチャートに物語を書いていきます。1つのコマにはできるだけ1つの出来事を書きます。ここまでを「はじめ」、ここまでを「出来事が起きる」のように、大きな場面を意識しながら書いていきましょう。

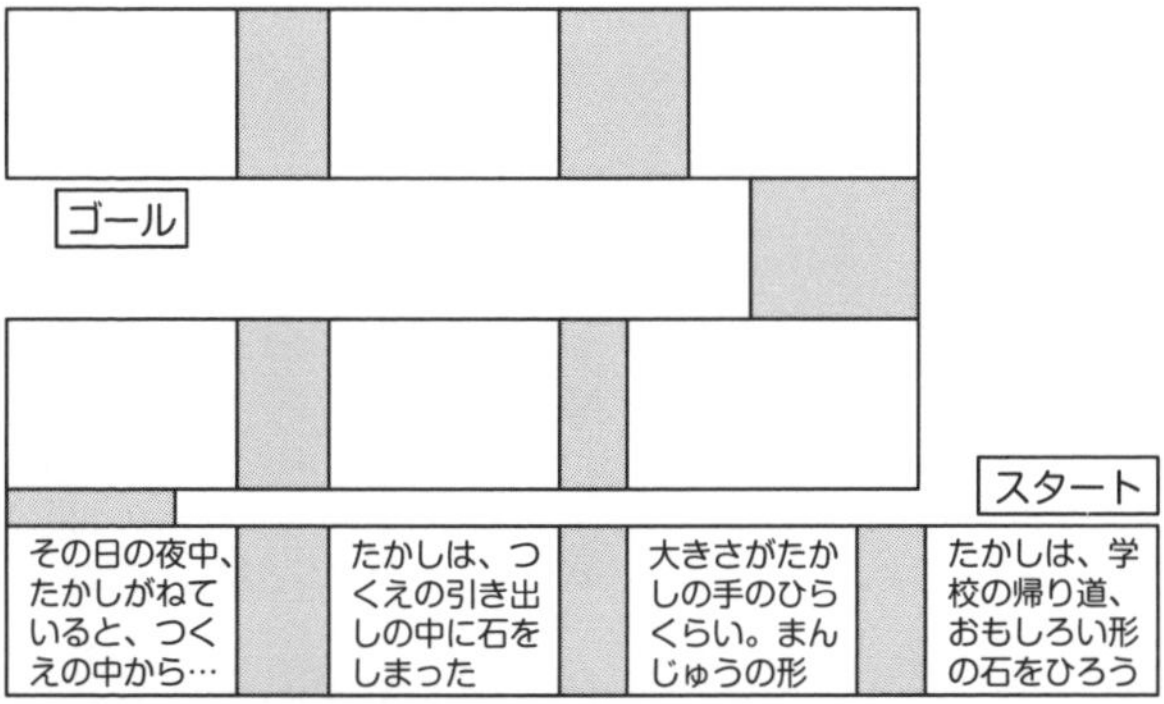
ゴール
スタート
その日の夜中、たかしがねていると、つくえの中から…
たかしは、つくえの引き出しの中に石をしまった
大きさがたかしの手のひらくらい。まんじゅうの形
たかしは、学校の帰り道、おもしろい形の石をひろう

すごろくチャートは、１コマの中で縦に線を引くと２コマになります。

物語の展開を細かくしたいと思う場合にはコマを分割すればよいこと、たくさん書き進めたい場合にはもう1枚すごろくチャートの紙を使ったり、ノートであれば、次のページに書いたりしてもよいことを伝えます。

そして、改めて、４つの場面を意識することを念押しし、いつまでに書き終えなければならないかをはっきりと伝え、すごろくチャートを書かせます。

②個人追究と協働追究を行き来する

まず、個人で書く時間を15分程度取ります。そうしたら、隣の子と見合い、約束事を守れているか確認すると共に、内容を読み合い、お互いのアイデアの参考にして、再び個人追究に戻します。

【座標軸】

太一の父と与吉じいさの違いは何だろう？

「海のいのち」（東京書籍六ほか）

こんな場面で

多くの物語では、複数の人物が登場します。

それぞれの登場人物の共通点や相違点を明らかにしていくことで、登場人物相互が共通してこだわっていることが見えてきたり、それぞれの登場人物の個性が浮き彫りになってきたりします。浮かび上がってくることが、物語を読み解いていくヒントになります。

その際、中心人物については、詳しく分析することと同時に、「脇役」となる人物を分析することも重要です。脇役の生き方や考え方が中心人物に影響を与えていることも多いからです。

ここでは、座標軸を使って、「海のいのち」（全10時間）の重要な脇役である与吉じいさと、直接物語には登場しないものの太一の生き方に最大の影響を与えた、太一の父について分析をしていきます。

「太一はなぜクエを打たなかったのか」ということを学習課題にした授業は多くあります。またその中で、太一がクエを打たなかった根拠として、太一の父、与吉じいさ、共に海のめぐみを大切にしていたということはよく出されますが、2人の違いは意外と扱われないこともあります。

そこで、太一の父と与吉じいさを座標軸を使って分析していく場面について紹介します。

本時のねらい

太一はなぜクエを打たなかったのかを追究する場面で、太一の父と与吉じいさについて座標軸を使って分析することなどを通して、太一がクエを打たなかった理由を想像することができる。（C(1)イ）

授業展開

まず本時の学習課題、「太一はなぜクエを打たなかったのだろうか」を設定します。次に、クエを打とうと思っていた太一に影響を与えた人物をあげていきます。太一の父、太一の母、与吉じいさがあげられます。そうしたら、それぞれの人物の考え方について追究していきます。

個人追究で意見をもたせた後、協働追究を行い、各自の考えを共有していきます。

①個人追究を経て協働追究を行い、個人追究に戻す

それぞれの人物はどのような考えだったのでしょう？

太一の父は魚を海のめぐみだと考えていた。

与吉じいさも、「千びきに一ぴきでいいんだ」と言っているので、太一の父と同じような考えだった。

では、太一の父と与吉じいさは同じ考え方だったのでしょうか？　座標軸をつくって調べてみましょう。

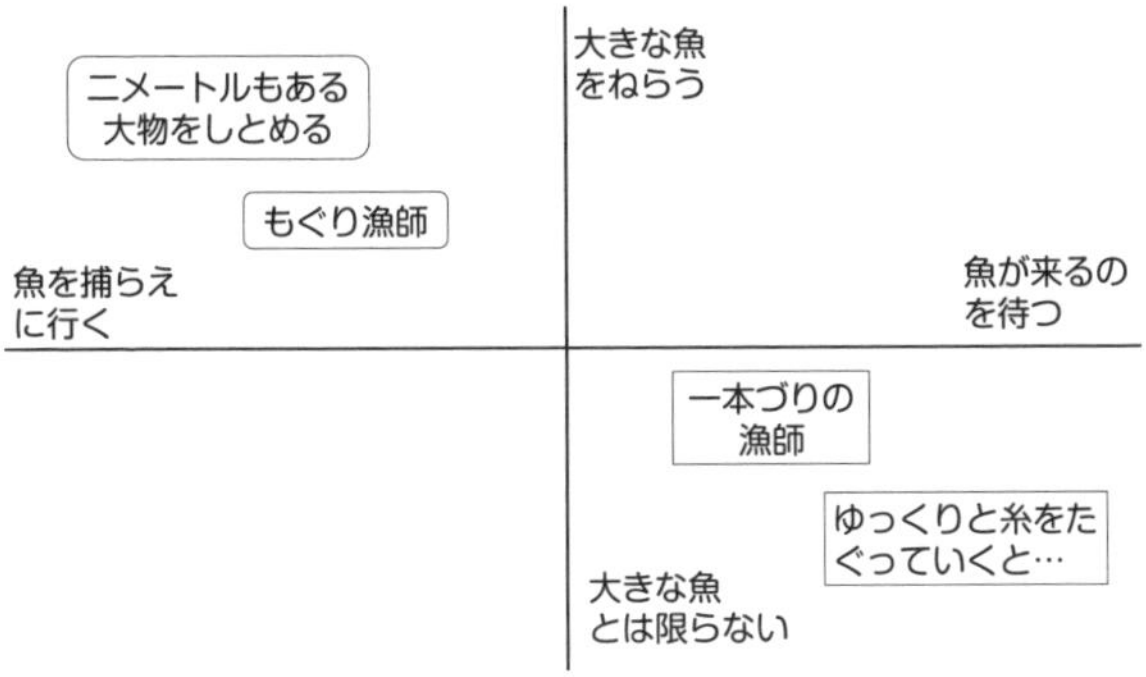

子どもたちから、太一の父と与吉じいさの類似性があげられたところで座標軸をつくり、分析することを投げかけます。縦軸は「大きな魚をねらう―大きな魚とは限らない」、横軸は「魚を捕らえに行く―魚が来るのを待つ」とします。

それぞれの観点について、太一の父と与吉じいさの叙述を取り出します。取り上げた叙述は、どちらのものかわかるように囲み枠の形状を変えます。

このようにして、個人追究でそれぞれの叙述を見つけさせていきます。

②協働追究を行う

発見したことを発表させていくと、漁の仕方をはじめ、2人の相違点が見えてきます。そのうえで、それぞれから太一がどんな影響を受けたのかを考えさせていきます。

【フロー図】

委員会の活動内容を聞こう

「知りたいことを聞き出そう」（東京書籍五）

こんな場面で

国語の学習で、これから先のことについての計画を立てる際に便利なフロー図を使うと学習成果が上がるものは何でしょうか。

フロー図が最も効果を発揮するのは、インタビュー形式で、取材を行う活動です。インタビューは、こちらが聞き手となり、相手に質問し、返ってきた答えの内容により新たに質問を行うというものです。

特に小学生の場合には、「返ってきた答えの内容により新たに質問を行う」ことは簡単ではありません。相手が答えてくれた内容を理解することだけで精一杯だからです。

そこで、相手の答えの内容をある程度予測して、「A」という返事が返ってきたら

「A」という質問をしよう、「B」という返事が返ってきたら「B」という質問をしようというように計画を立てます。

そうすることで、相手の話を理解することだけで精一杯にならず、答えの内容に関連した質問ができ、インタビュー内容につながりや深まりが生まれ、聞きたいことや伝えたいことが述べられるという期待がもてます。

このように、返答のパターンを予測してインタビューを計画し、そして実際にインタビューを成功させていくために、フロー図は効果を発揮します。

ここでは「知りたいことを聞き出そう」（全4時間扱い）で、委員会の活動について取材する授業でのフロー図の活用例を紹介します。

本時のねらい

自分が所属する委員会の活動内容についてのインタビュー内容を、フロー図を使って考えることができる。（A(1)ア）

授業展開

委員会活動は通年で行われるところもありますが、半期で交代する学校も多いでしょう。ここでは、５年生の前期の委員会活動が間もなく終了し、後期に所属する委員会が決まっている状況を想定しています。後期の委員が前期の委員にインタビューすることで、前期の委員会活動を確実に理解し、滞りなく後期の活動がスタートできるようにしたいという願いをもたせます。また、前期の委員の話を聞く中で、前期にはなかった活動を後期に入れるためのヒントを得るということも考えさせます。

前時に以上の目的意識を確認したうえで、本時はインタビューのためのフロー図を作成していきます。

①学習課題を設定し、課題解決の見通しをもつ

「インタビュー内容を考えよう」という学習課題を設定し、そのためにフロー図をつくるという見通しを示します。子どもたちに、教師モデルを使ってフロー図のつくり方を理解させていきます。

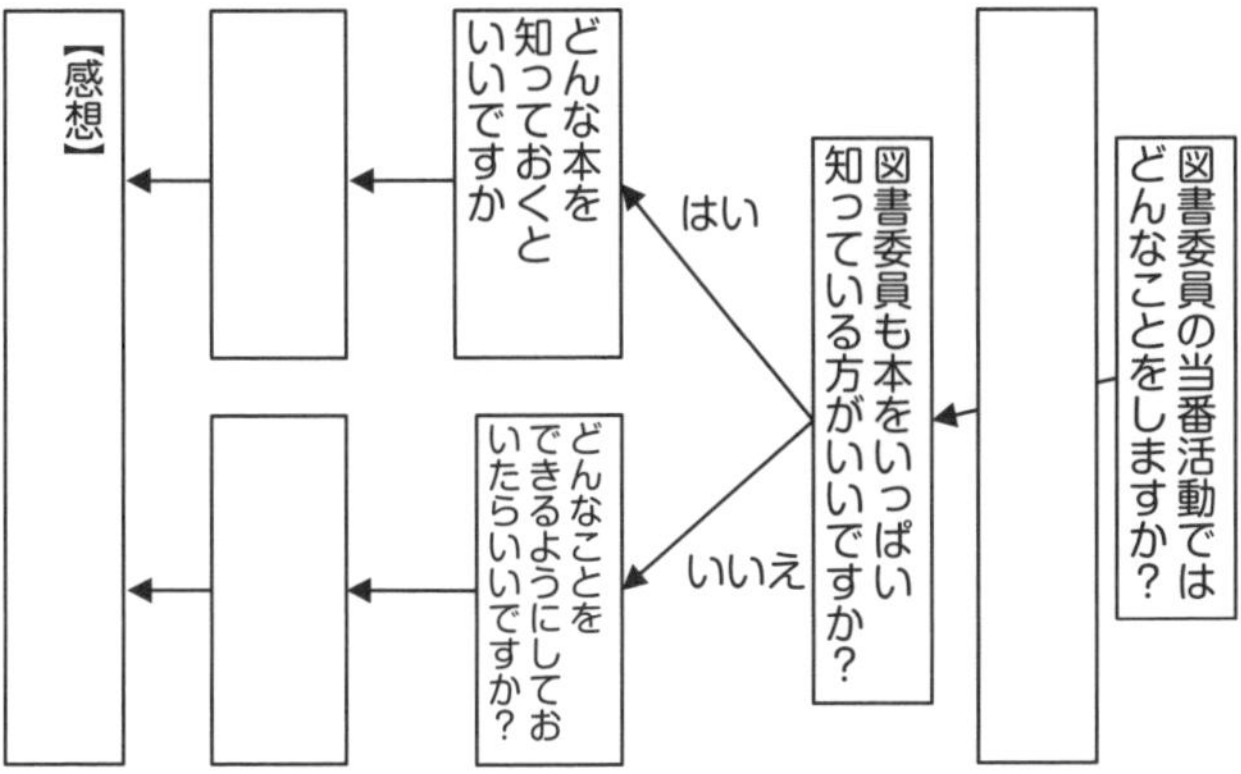

先生も図書委員になったつもりで、フロー図をつくってみました。聞きたいことを書いたら、答えを書く欄をつくります。質問に対する答えは予想しながら考えてください。答えがいくつか予想されたら枝分かれさせてください。最後に聞いたことに対する感想コーナーをつくってください。感想コーナーの内容はインタビュー内容に対してどう思ったか、その場で考えて伝えたことを後で記入してください。

②フロー図をつくる

同じ委員会の子ども同士で集まってつくる、個人でつくるなど、いろいろな方法があります。作成したら次時に実際にインタビューを行います。

【意見文マップ】

夏休み、行くなら海か山、どっち?

「自分の考えをつたえよう」(東京書籍三下)

こんな場面で

学習指導要領の「B　書くこと」(1)ウ(考えの形成　記述)の3、4年の指導事項の中には、「自分の考えとそれを支える理由や事例との関係を明確にして」という記述があります。「理由」「事例」と整合性のある「考え」をつくることを求めていることがわかります。「理由」「事例」の区別について、学習指導要領の解説には、「理由は、なぜそのような考えをもつのかを説明するものである。事例とは、考えをより具体的に説明するために挙げられた事柄や内容のことである」(p85)とあります。「事例」は客観的な事柄、「理由」は「考え」を導くための「説明」ということが示され、「事例」と「考え」をつなぐものと解釈することができます。

これらの「事例」「理由」「考え」は、対象を見る観点によって様々に変わってきます。例えば、「生活指導」の観点では、小学生がスマートフォンを持つことには問題があるという考えができますが、「帰宅時の安全面」の観点では、小学生がスマートフォンを持つことには、保護者と連絡が取りやすい、保護者が子どもの現在位置を把握できる、といった点で望ましいという考えができます。

従って、「事例」「理由」「考え」に「観点」を加えた意見をつくり、それを交流することで、筋道立てた考えをつくると共に、見方によって様々な考えがあることを学ぶこともできます。

ここでは、「自分の考えをつたえよう」（全8時間扱い）での活用例を紹介します。

本時のねらい

夏休みに遊びに行くなら海か山かをテーマに意見文マップをつくることを通して、観点に基づいて事例を取り上げ、比べて理由づけすることにより、考えをもつことができる。（B(1)ア）

授業展開

はじめに夏休みに行くなら海がいいか、山がいいか、子どもたちに尋ねます。子どもにより、様々な答えが返ってきます。

続けて、理由を聞きます。すると、「海は車で行けるから」「山は景色がいいから」といった反応が返ってきます。

そのうえで、子どもたちにそれをきちんと説明することはできるかを尋ねると、それはなかなか難しいといった表情になります。

そこで、本時はテーマに対する自分の考えをきちんとつくれるようになることを目指すことを子どもたちに伝え、学習課題「筋道立てて自分の考えをつくろう」を設定します。

①意見文マップ全体のイメージをつかむ

（項目のみで中身の入っていない意見文マップを子どもに配付して）まず、一番上にテーマ「夏休み、行くなら海か山、どっち?」を書きます。一番左の□には海や山について知っていることを書きます。それぞれについてよいこともあまりよくな

いことも書きます。その隣にあるのが「観点」です…

意見文マップ全体について、以上のように簡単に説明します。ここでは、意見文マップの全体のイメージをもたせることが目的です。詳しい中身についてはよくわからなくても構いません。実際につくりながら、イメージをつかませていきます。

②項目に沿って、意見文マップをつくる

この後の展開は、一度に教師モデルを見せて具体を知らせたうえで、各自で考えさせていく方法や、一つひとつの項目に沿ってつくっていく方法があります。

また、活動の単位も、個人追究でマップをつくらせ、完成したところで交流していく方法もあれば、項目ごとに個人でつくり、協働追究で確認することを繰り返していく方法、はじめからペアやグループ単位でつくっていく方法があります。

学級の実態や発達段階に合わせて、意見文マップを無理なく作成できる展開にすること、また、人によって異なる意見を聞き合うことが楽しい学習なので、お互いの意見がわかり過ぎてしまうことがないような展開にすることが大切です。

ここでは、一つひとつの項目に沿って、個人追究と協働追究を中心にして意見文マップをつくる過程を述べます。

子どもたちに、海、山、それぞれについて知っていることを3つ以上ずつ意見文マップに書かせます。意見文マップは、ここであげた情報を基にして立論していくので、できるだけたくさんの情報がこの段階で出されることが、後の活動を充実させるための大きなポイントです。

個人追究で書いたことを全体追究で発表させ、各自にできるだけ多くの情報を提供できるようにします。

次に観点を設定します。

このときに、授業の導入での子どもたちとの問答が生きてきます。

Aさんは、「車で行けるから海がいい」と言っていましたね。Aさんは、どんな点から見て海と山を比べたのでしょう？

「行きやすさ」です。

このようにして、どんな点で海と山を比べるのかを決めましょう。

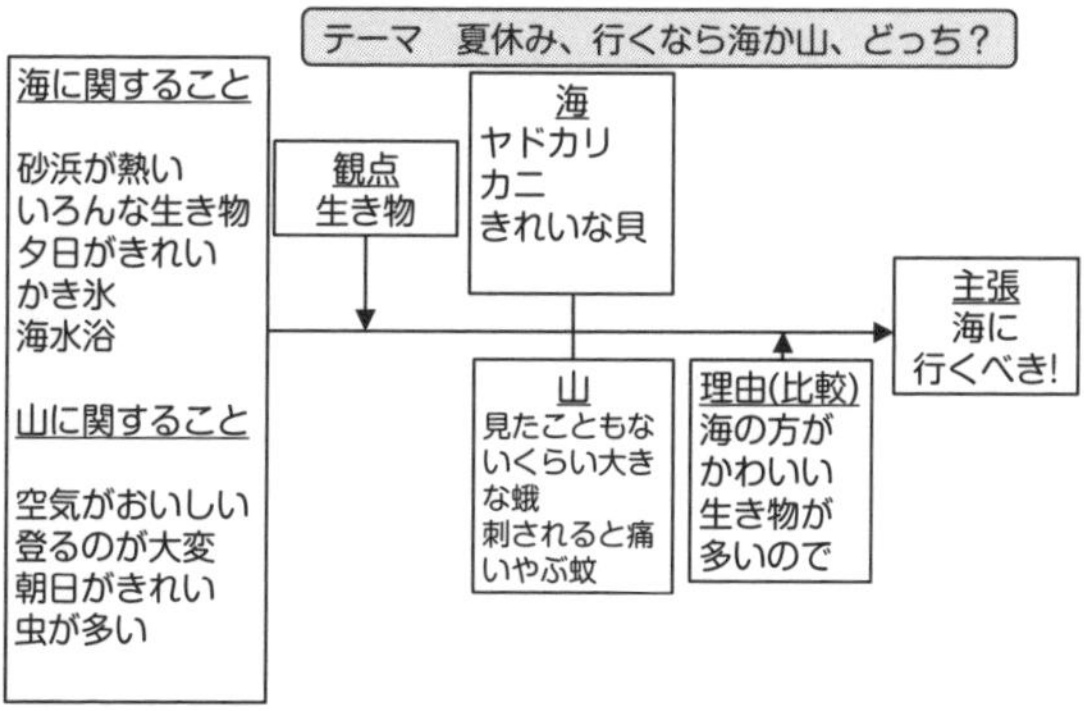

観点を設定することは、意見文マップの中では一番難しい活動です。

3年生で実践する場合には、その他の項目を書き入れて、後で、どんな点で比べたのかを考えて、観点を設定する方法もよいです。その際、観点にさかのぼることができない場合には、適切な比較とはなっていないので、「観点に沿った事実」を修正することが必要になります。

また、「理由」もどのように書いたらよいか難しいところです。「○○の方が□□だから」というように、型を示すことによって、考えやすくなります。

意見文マップがひと通りできたら、隣の席同士で、観点から、主張までのつながりが自然であるかを相互評価させます。その後、完成した意見文マップを発表し合い、お互いの考えの説得力について意見交換します。

次時には、文章化していきます。

［ベン図］

太一の父とクエを比べよう

「海のいのち」（東京書籍六ほか）

こんな場面で

ベン図は、複数の対象を比較し、共通点や相違点を見つけるために便利なツールです。手紙とメールを比較し、どんなときにどの方法を使えばよいのか意見を述べるというときの材料を集めたり、分析したりするために効果を発揮します。

説明文を読む学習では、「町の幸福論」（東京書籍六）のように異なる内容の事例を示すと共に、それらの共通点を述べているタイプの文章を、ベン図を使ってまとめることで、内容の理解を進めることができます。

物語を読む学習でも、複数の登場人物等の相違点や共通点をベン図にまとめていくことによって、読み取りを深めることができます。

ここでは、「海のいのち」（全10時間）での活用例を紹介します。

授業では、ここまで「海のいのち」の読み取りを進めてきています。本時はこの物語のクライマックスである太一とクエが対峙する場面の読み取りを、ベン図を活用して行います。

本時のねらい

太一がクエを打たなかった理由を想像することができる。（C(1)イ）

授業展開

①子どもの発言を捉える

太一がなぜクエを打たなかったのかを追究していく際、手がかりとなる言葉がいくつかあります。

そのうちの1つが、「おとう、ここにおられたのですか」です。

太一がクエを打たなかった理由を追究していく際、次のような発言をする子が多くいます。

太一は、クエを「おとう」だと思ったから、クエを打たなかった。理由は、太一がクエに向かって笑顔をつくって「おとう、ここにおられたのですか。また会いに来ますから」と言っているから。

太一がこの後、「大魚はこの海のいのちだと思えた」と思考をつなげていくように、太一は、クエと太一の父親との共通点を認識し、そこから見えたものに基づき、クエを「海のいのち」と価値づけています。太一の思いに近づくためには、まず、クエのもつ意味と太一の父親のもつ意味との共通点を見つける必要があります。前述の発言が見られたときが、太一の父親とクエの共通点を見つける活動を行うチャンスです。

②ベン図をつくり分析する

太一の父親とクエを比較するためのベン図をつくっていきます。

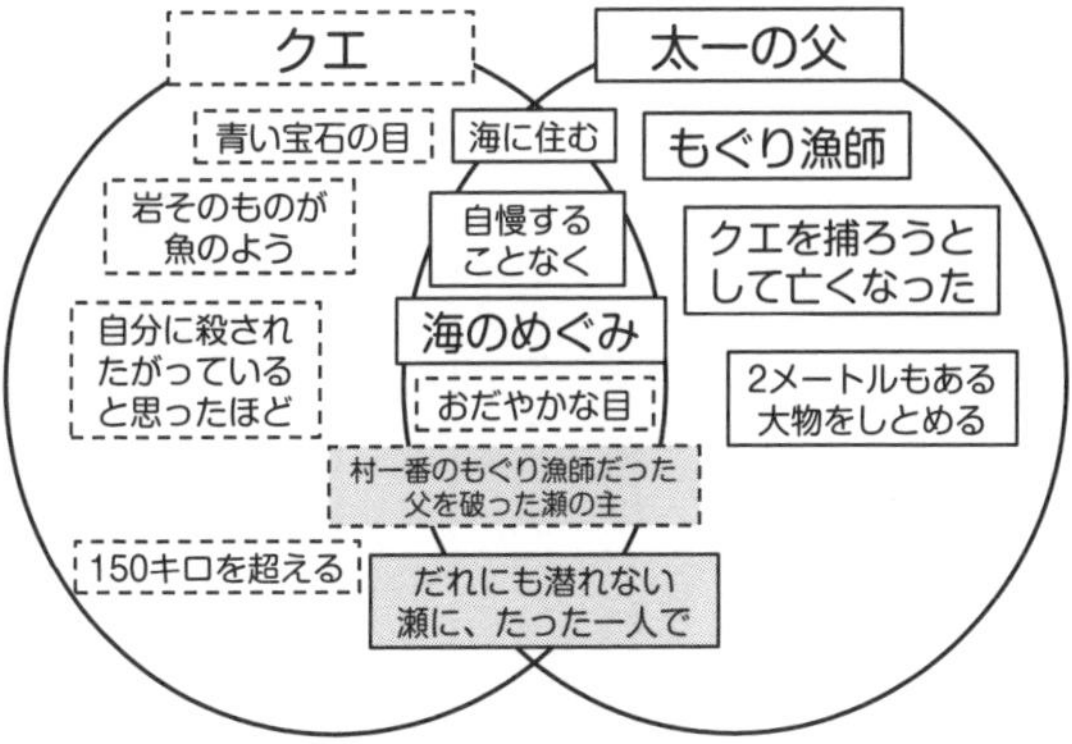
クエ
太一の父
青い宝石の目
岩そのものが魚のよう
自分に殺されたがっていると思ったほど
150キロを超える
海に住む
自慢することなく
海のめぐみ
おだやかな目
村一番のもぐり漁師だった父を破った瀬の主
だれにも潜れない瀬に、たった一人で
もぐり漁師
クエを捕ろうとして亡くなった
2メートルもある大物をしとめる

共通点については、２つの円の重なった部分に書くため、それぞれについては、見つけた叙述の枠囲みの形や、線、色を変えるなどをして簡単に区別できるようにします。個人追究の後、協働追究の時間を取り、太一の父とクエとの共通点について検討していきます。

太一の父親は大きな魚を捕っても「じまん」することはなく、クエも「おだやかな目」をしている。優しい感じがするところが共通しています。

太一の父親はすごいもぐり漁師で、クエはとても大きくて強いところが、様子は違うけど、とても強いということで似ています。

このようにすることで、両者の強さ、穏やかさといった共通点に気づかせることができます。

「海のいのち」(東京書籍六ほか)

[コンフリクトチャート]
太一はなぜクエを打たなかったのだろう?

こんな場面で

2つの対立する事柄について、検討することによって、最良の判断を導いていくということが見られる学習は、話し合いにおいてはよくあることですが、物語を読む場合でも、同様のことがあります。

物語の中には、いくつかの感情に葛藤し、ある理由によって、解消されていくというストーリーがあります。

例えば「三年とうげ」(光村図書三下)では、三年とうげで転んだことで、三年きりしか生きられないと嘆いているおじいさんには、トルトリが示した知恵と言い伝えとの間での葛藤があります。「大造じいさんとガン」では、残雪と仲間を撃つことに長年こだわってきた大造じいさんは、残雪が命がけでハヤブサと戦う姿に触れ、変化していきます。「ごんぎつね」では、兵十につぐないを続けていたごんは、兵十と加助がくりや松たけを持って来ているのを神様のしわざだと思っていることを聞き、引き合わないなあと思います。加助の言葉を聞いたごんには、きっとつぐないを続けようと思う心と引き合わない心との間での葛藤があったことでしょう。

どのような葛藤があったのかを物語から把握したうえで、それがどんな理由によって解消されていったのかを想像することは、登場人物の気持ちを深く捉えていくことであると共に、テーマを考えるためにも大切なことです。

このような葛藤があり、変化していく物語の代表格と言えるのが「海のいのち」（全10時間扱い）です。

太一は、クエを打つことにこだわりをもち、クエと対峙しましたが、打つことはありませんでした。

ここでは、コンフリクトチャートをつくり、太一の葛藤を確かめたうえで、どのようにして葛藤を解消していったかを追究する授業を紹介します。

本時のねらい

太一がクエを打たなかった理由を、コンフリクトチャートを使って考えることができる。(C(1)イ)

授業展開

本時の学習課題「太一はなぜクエを打たなかったのだろう」を設定した後、まず、太一がクエと対峙したときの気持ちを確認していきます。クエを打とうとする気持ちの表れとしては、「追い求めてきた」「この魚をとらなければ、本当の一人前の漁師にはなれない」などがあげられます。クエの姿から感じたことは「父を破った瀬の主なのかもしれない」「おだやかな目」「殺されたがっている」などがあげられます。

太一は、本当の一人前の漁師になるためにおとうを破ったクエを殺したいのですが、殺されたがっていると思うほどおだやかな目をしたクエを前に、クエを殺したいという気持ちと、殺せないという気持ちの間で葛藤していることを確認します。次いで、この場面の終わりでの太一の状況を確認します。「太一はふっとほほえみ、口から銀のあぶくを出し

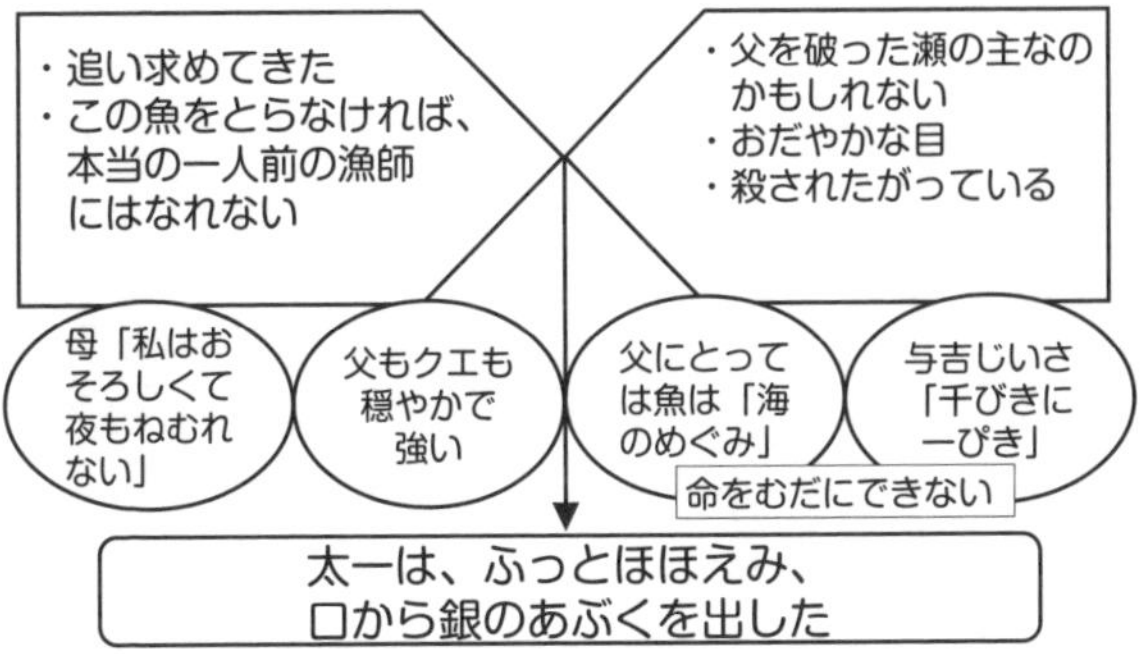
・追い求めてきた
・この魚をとらなければ、本当の一人前の漁師にはなれない
・父を破った瀬の主なのかもしれない
・おだやかな目
・殺されたがっている
母「私はおそろしくて夜もねむれない」
父もクエも穏やかで強い
父にとっては魚は「海のめぐみ」
与吉じいさ「千びきに一ぴき」
命をむだにできない
太一は、ふっとほほえみ、口から銀のあぶくを出した

た。…」とあります。葛藤とその後を明らかにしたうえで、子どもたちに、変化の原因を考えさせていきます。
　個人追究の後、協働追究を行います。

太一は、クエをとって本当の一人前になりたかったけれど、父は魚のいのちをいただくことを「海のめぐみ」と言っていた。太一は、本当の一人前になる手段としてクエをとることはおかしいと気づいた。

ただ、クエの姿に圧倒されたのではなくて、命をむだにできないことに気づいてクエをとらなかった。

クエと父の穏やかさ、強さが共通していることに気づき、クエと父を重ね、クエを打たなかった。

　チャートの左上の感情をどのようにして制御したのかを意識させ、検討していきます。

【てんびんチャート】

私の好きな場所を決めよう

●●●「すきな場しょを教えよう」（東京書籍二下）

こんな場面で

スピーチをつくったり、文章を書いたりする際、充実した内容のものがつくれるかどうかの一番の土台は、「材料集め」です。

話したり、書いたりする活動を組んでいく際、国語が苦手な子にとっても、材料がたくさんあれば、構成や表現は、教師の指導により活動を充実させていくことは十分可能です。

活動が停滞してしまい、子どもも教師も困ってしまうのは、材料がないためです。

従って、少しでも多くの材料を見つけることができる題材を考えさせることを大切にする必要があります。

そのために、てんびんチャートを使います。

大きなテーマが提示された後に使います。

例えば、「友だち、あるいは、保護者に紹介したい、運動会の一番の思い出」といった大きなテーマを示した後、すぐに紹介したい題材を決めてしまい、そのことについての材料を集めさせるのではなく、大きなテーマを提示したら、紹介したい題材を何にするかの吟味をします。

そうすることによって、「かけっこのことを書こうかなと思っていたけれど、ダンスの方が書きたいことがたくさんあった」というように、より詳しく書ける題材を見つけることができます。

ここでは、「すきな場しょを教えよう」（全8時間扱い）での授業例を紹介します。

単元の第1時間目です。

本時のねらい

てんびんチャートをつくることによって、友だちに紹介したい自分の好きな場所を決めることができる。（A⑴ア）

授業展開

①学習課題を設定し、課題解決の見通しをもつ

まず、スピーチをする相手と活動の目的を「自分の好きな場所のよいところを教えてあげて、友だちにも、そこに行って楽しんでもらおう」というように決めます。

次に、本時の学習課題を設定し、課題解決の見通しとして、てんびんチャートを示します。

今日は1時間目なので、どこを紹介するかを決めましょう。すぐにこの場所と決めるのではなくて、2つくらいの場所を考えてみてください。考えたら、その中でたくさんのことをお話しできそうなものを最後に選びましょう。それを考えるためにてんびんチャートを使います。2つの場所それぞれについて、お話しできそうなものを選び、○の中に書いていきます。

このとき、教師モデルを示し、子どもたちと一緒につくると、活動のイメージが共有さ

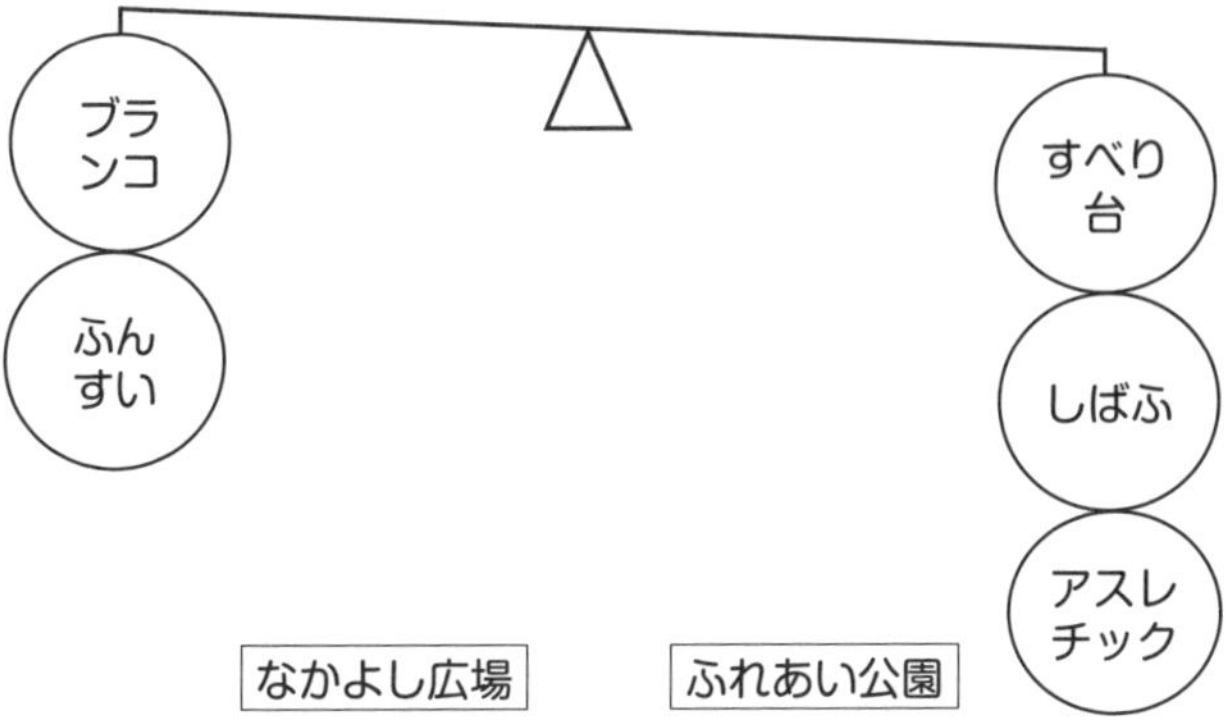

れやすくなります。

先生は、「校庭」と「教室」でつくります。一緒に考えてください。まず下の□の中にそれぞれの場所の名前を書きます。では、校庭にある中で、お話しできそうなものを1つ言ってください。

ブランコがあります！

②個人追究と協働追究を行き来する

やり方が共通理解できたら、各自でてんびんチャートをつくっていきます。ときどき隣同士などペアで状況を確認させ、お互いの様子を参考にします。

完成したら、たくさんの○が書けた方について今後取材していくことを確認します。

【H型チャート】

ファンタジーの入り口と出口を見つけよう

●●●「白いぼうし」（光村図書四上）

こんな場面で

H型チャートを使うことで、文章を3つに区切り、そのように区切ることの理由をはっきりさせることができます。

3つに区切ることにより、文章をより豊かに読めるものとして、ファンタジー教材があります。ファンタジーは、一般に、「普通の世界―不思議な世界―普通の世界」の3つで構成されています。

どこから不思議な世界に入り、どこで普通の世界に戻ってきたのかを見つけるのは楽しい学習で、場面の移り変わりを捉えたり物語の全体像を捉えたりする学習にもなります。

ここでは、「白いぼうし」（全7時間）で、H型チャートを使い、ファンタジーの入り口と出口を見つける授業について述べます。

第1時間目に初発の感想を書かせます。このときに、この物語で「不思議なこと」を見つけておきます。

本時は、不思議なことがある物語をファンタジーということを説明し、そのうえで、ファンタジーの入り口と出口はどこにあるのかを見つける活動を行っていきます。

本時のねらい

H型チャートを使い、ファンタジーの入り口と出口を想像することができる。(C(1)エ)

授業展開

①学習課題を設定し、課題解決の見通しをもつ

前時に見つけた不思議なことを基にして、本時の学習課題「ファンタジーの入り口と出

口を見つけよう」を設定します。

次に、H型チャートを板書し、記入するスペースを指しながら使い方を説明します。

まず、ファンタジーの入り口を見つけましょう。チャートの右上のスペースの左端に、普通の世界での最後の出来事を書きます。そして、真ん中上のスペースの右端に、不思議な世界での始まりの出来事を書きます。それぞれ下の段にはそう考えた理由を書きましょう。

書き方を説明したら、ファンタジーの入り口について、各自にH型チャートをつくらせていきます。書き方を説明する際、すぐに考えが言える子がいたら発言させ、書き方のモデルの理解につなげます。

②個人で取り組み、その後協働追究を行う

各自が考えた結果を交流していきます。

書いてあること	理由
たくさんの車がいっせいに走りだしました。	タクシーにお客さんが乗るのはふつうだから。
細いうら通りに入った所で、しんしはおりていきました。	うら通りに入ったら、ちょうの入った白いぼうしがあったから。
小さな小さな声でした。	ちょうの声が聞こえているから。
まだかすかに、夏みかんのにおいがのこっています。	においをかぐのはふつうだから。

私は、p20の、タクシーの中に女の子が座っていたところから不思議な世界が始まると思います。理由は、女の子は途中で消えてしまうからです。

ぼくは違って、p17でタクシーがうら通りに入ったところから不思議な世界が始まっていると思います。理由は、うら通りにあった白いぼうしの中にちょうが入っていたからです。

ファンタジーの入り口については、冒頭のお客の紳士が夏みかんとレモンを間違えているところから怪しいと考えることもできます。ファンタジーの出入り口を検討し、場面の移り変わりを捉えることで物語全体を各自が視野に入れることが大切なので、様々な意見を聞いたうえでそれぞれで答えを考えさせます。

入り口を扱ったら、出口も同様に行います。

【聞き取りツリー】

郵便局の方の話のメモを取ろう

「メモを取りながら話を聞こう」（東京書籍三上）

こんな場面で

総合的な学習の時間などでの取材活動で、子どもたちがメモしたものを見ると、大きく2つの傾向があります。

1つは、話題についての記述量が多いということです。説明してくださった方の話をほぼそのまま文章で書こうとする子がいますが、話す速さに書く速さが追いつかず、結果として、話の内容を把握しきれなくなっていることが少なくありません。

もう1つは、階層がわからないということです。たいていの説明は「抽象」「具体」のセットが複数あることで成り立っていますが、話題に当たる抽象化されたことと、それを説明する具体のセットがつくれていないため、説明内容の関係がよくわからなくなっています。

そこで、ここでは、記述量を極力減らし、階層を意識するための活動を紹介します。「メモを取りながら話を聞こう」（全4時間扱い）での活用例で、本時は第1時です。

本時のねらい

聞き取りツリーを使って、記述量が少なく、具体と抽象の関係を意識した聞き取りメモをつくることができる。（A(1)エ）

授業展開

①郵便配達の仕事で大変なことを聞き、メモを取る

総合的な学習の時間や社会科などで様々な方のお話を聞き取るために、メモを取る力が必要になることを述べたうえで、現在、どの程度のメモが取れるかを把握するために、教科書に掲載されている郵便配達で大変なことについての話を範読し、メモを取らせます。

②メモするときに難しいことを出し合い、学習課題を設定する

話を終えたら、子どもたちに話の内容に関連した質問を行い、正確に聞き取れていたかを確認します。そのうえで、メモを取るときに、難しいと思うことを出し合います。

話が速くてついていけない。

どのくらい書けばいいかわからない。

こうしてメモに対する課題意識をもたせたうえで、「短く、つながりのあるメモをつくろう」という学習課題を設定します。そして、どのようなメモをつくればよいのかの見通しをもたせ、そのうえで聞き取りツリーを提示します。

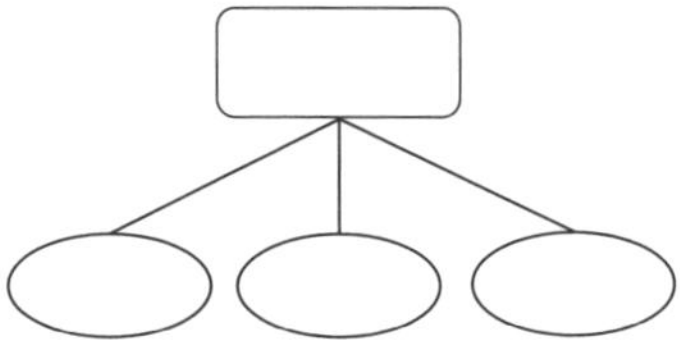

③聞き取りツリーの使い方を学ぶ

聞き取りツリーの基本的な形を示し、一番の上の□が話題、下の○が説明であること、横に3つ並んでいるのは、話題に対する説明が3つあ

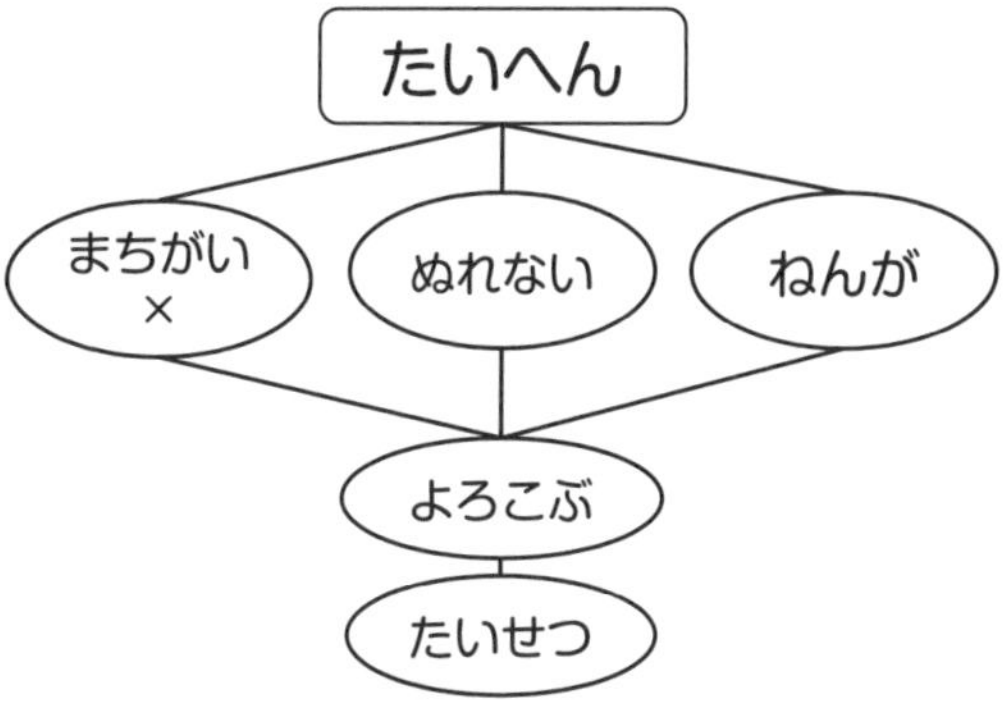

ることを示していることを説明します。また、説明の中でさらに詳しい説明があればその下に○が連なること、一つひとつの項目はできるだけ短い言葉で書くことも伝えます。

④聞き取りツリーを使って説明を聞く

郵便配達で大変なことについて、2回目の範読を行います。ノートに自分でツリーをつくらせます。

⑤でき上がりを確認する

でき上がったツリーは、書画カメラを使い、全体で共有する中で発表させます。その中で、メモを取る際に気をつけたことを出し合わせることで、聞き取りツリーを使ってメモを取る際のコツを学び合っていきます。

時間があれば、隣同士で昨日の放課後の出来事を話し、聞き取りツリーをつくるなどして、習熟を図ります。

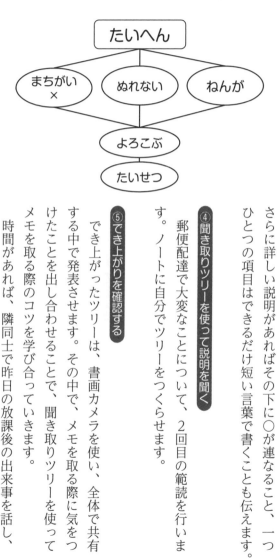

●●● 「帰り道」(光村図書六)

【ジグザグチャート】律と周也はどのように影響を与え合っているのだろう?

こんな場面で

登場人物の相互関係を表すものとして、人物関係図があります。人物関係図は、ある状況のときの登場人物の相互関係を表すとき、また、大勢の人物の相互関係を表すときに大変便利です。

一方、物語の筋が進んで行く中、登場人物は相互に影響し合っていきます。物語が展開していく中で、登場人物AはBに影響を与え、また、BもAに影響を与えていきます。このような物語の展開の中での登場人物の相互作用を確かめたいときに、また、その中でも、主に2人の登場人物の関係により物語が進行するような場合に、ジグザグチャートが便利です。

ここでは、「帰り道」(全4時間扱い)で、ジグザグチャートを使い、律と周也の相互作用について整理していく授業を紹介します。

第1時では、教材文を読み、初発の感想を書きます。同じ出来事について書かれた2つの章が、それぞれの登場人物の視点から描かれているスタイルに子どもたちの多くは関心をもちます。また、それぞれの言動がどのように影響を与え合っているのかについて整理をしたいと感じる子どももいます。

そこで、第2時である本時では、お互いがどのような影響を与え合っていくのかについて整理していきます。

本時のねらい

ジグザグチャートを活用して、律と周也がお互いにどのような影響を与え合っていったのかを整理することができる。(C(1)イ)

授業展開

①学習課題を設定し、ジグザグチャートの使い方を確認する

前時の感想の中から、2人の関係を整理したい、あるいは、片方が何かすることに対して誤解があっておもしろい、といった反応を取り上げ、「律と周也はどのように影響を与え合っているのだろう」という学習課題を設定します。

影響を与え合うことをどのように整理していくかを考えさせたうえで、ジグザグチャートを示します。

律と周也が影響を与え合って物語が進んでいきます。それをジグザグチャートにまとめていきます。

まず、上の段に律、下の段に周也の名前を書きます。はじめのところを一緒にやりましょう。物語の中の時間の流れに沿ってつくっていきます。最初どんなことがありましたか？

昼休みのおしゃべりで、律だけ「ごにょごにょ」言っていました。

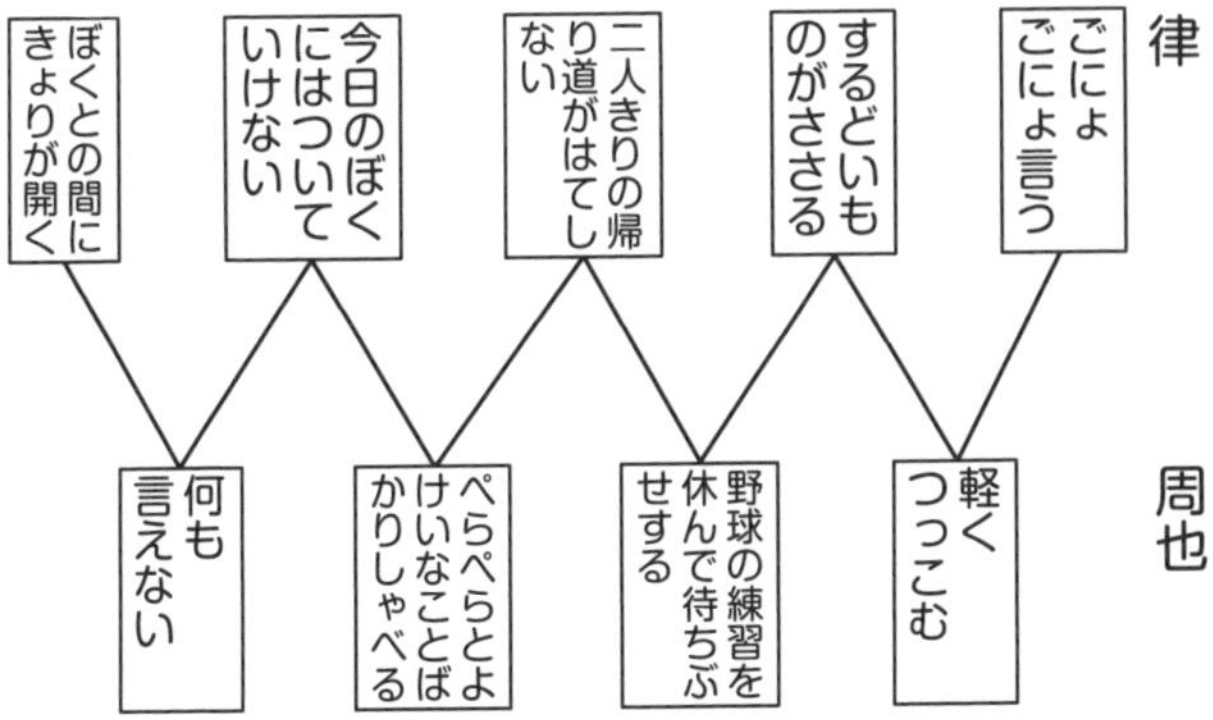
律
ごにょごにょ言う
するどいものがささる
二人きりの帰り道がはてしない
今日のぼくにはついていけない
ぼくとの間にきょりが開く
周也
軽くつっこむ
野球の練習を休んで待ちぶせする
ぺらぺらとよけいなことばかりしゃべる
何も言えない

では、上の段に「ごにょごにょ言う」と書きます。このことに対して、周也は何をしましたか？ p25からの、周也から見た物語の中から見つけます。

軽くつっこんでいます。

では、「ごにょごにょ言う」から線を伸ばし、下の段に「軽くつっこむ」と書きます。このようにしてつくっていきます。

ここで注意することとして、気持ちを取り出す際、各登場人物が相手の気持ちを想像している箇所がありますが、そこから引用するのではなく、本人の視点で書かれている箇所から引用することを伝えます。

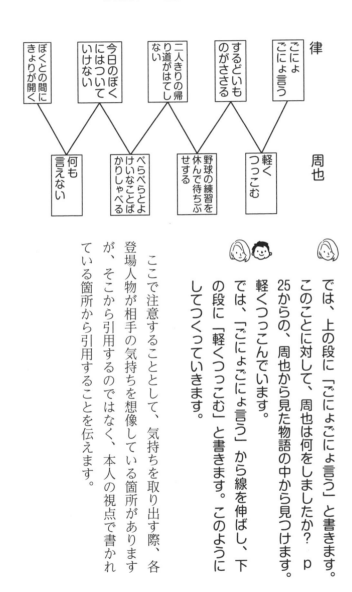

②個人追究を経て、協働追究を行う

物語全体について個人追究でジグザグチャートをつくらせた後、全体での確認を行っていきます。

この物語は、相手の思いに対して「誤解」し合っていくのもおもしろいところです。次時では、相手の思いに対するずれを見つけて、ジグザグチャートに加筆していきます。

【主な参考文献】

・江川玟成（２０１３）『クリエイティビティの心理学』（金子書房）
・株式会社アンド（２０１９）『思考法図鑑』（翔泳社）
・小林康宏（２００６）『基幹学力をつくる音声言語活動』（明治図書）
・小林康宏（２０２１）『ＩＣＴ活用から思考ツールまで　中学校国語の板書づくり アイデアブック』（明治図書）
・宍戸寛昌（２０２３）『図解　国語の授業デザイン』（明治図書）
・塚田泰彦 編著（２００５）『国語教室のマッピング』（教育出版）

・藤森裕治（2007）『バタフライ・マップ法　文学で育てる〈美〉の論理力』（東洋館出版社）
・松下佳代（2021）『対話型論証による学びのデザイン』（勁草書房）
・森岡健二（1963）『文章構成法』（至文堂）
・山本茂喜（2022）『思考ツール×物語論で国語の授業デザイン』（東洋館出版社）
・山本茂喜（2017）『思考ツールで国語の「深い学び」』（東洋館出版社）
・HR Institute（2001）『ロジカルシンキングのノウハウ・ドゥハウ』（PHP研究所）
・Michael Lewrick 他（2023）『デザインシンキング・ツールボックス』（翔泳社）

おわりに

国語の授業のうち、特に物語文の読み取りを行う授業で、Aさんが、自分の考えを時間をかけてたっぷり説明しているけれど、その子が伝えたいことが他の子どもたちに適切に理解されなかったり、教師が正確に理解できなかったりすることはないでしょうか。もちろん、「今、Aさんが発言したことが理解できましたか？」とか「Aさんの発言したことをもう一度説明できる人はいますか？」と子どもたちに問い、1人の子の発言を基にして、集団で学びの質を高めていくことはあるでしょう。また、教師が「Aさんの伝えたいことはこういうことですか？」とAさんに問い、教師がAさんの学びをしっかりと理解し、位置づけていこうとすることは必要です。

しかし、どのような考え方を使っているのかを、お互いが理解し合っていれば、発言者が述べていることに対する理解度は随分上がります。例えば、Aさんは「海のいのち」で太一がクエを打たなかった理由を、太一の父親とクエとの比較の考え方を使って説明していることを、発言を聞く子どもたちが了解していれば、Aさんの考え方を知らない場合に比べて理解は進みます。その際、Aさんの比較の仕方や考えた内容についての検討もなされていき、学級の考えの質は高まります。

つまり、子どもが思考ツールを活用して考えをつくっていく場合、自分の考えを筋道の通ったものにすることができると共に、他者の考えに対する理解を進めることができ、さらに、自分の考えと比べることなどを通して、話し合いが生まれたり、自分の考えをより確かで豊かにしたりすることにつながっていくのです。

このように、思考ツールは大変効果的なのですが、注意したい点もあります。ここでは2つ述べます。

1つは、目的に合った思考ツールを使うことです。

例えば、物語のあらすじを時系列に整理していこうというときに、クラゲチャートのような具体―抽象の関係を表すときに使うもので行ってしまうと、物語の時間の流れがかえって見えなくなってしまいます。目的に合ったツールを使うためには、思考ツールの特徴を子どもたちによく理解させることが必要です。また、課題に対して、各自が思考ツールを選択して好きなツールを使用するといった場合、机間指導の際、子どもたちがどんな思考ツールを使っているか確認すると共に、適切なツールを使っていくよう支援していくことが必要になります。もちろん、「この課題で、何でこの思考ツールを使っているんだろう」と教師が感じた場合、まずは、その子に意図を尋ねることが必要です。教師の想像を超えた創造的な使い方をしている場合もあるからです。

注意したい点の2つ目は、思考ツールを使うことが目的なのか手段なのかを明確にすることです。「今日は因果チャートの使い方を知る」とか、「今日は因果チャートを使って、大造じいさんの気持ちの変化の原因をまとめる」といったことを意識させることで、子どもたちは1時間の授業で何を目指すのかを明確に描くことができます。

本書が、楽しく、力のつく国語授業を創出する一助になれば幸いです。

最後になりますが、本書を上梓するにあたりご尽力くださった明治図書出版教育書編集部の矢口郁雄氏に心より感謝申し上げます。

2023年5月

小林康宏

【著者紹介】

小林　康宏（こばやし　やすひろ）

長野県生まれ。横浜国立大学大学院修了後，長野県内の公立小中学校に勤務。元長野県教育委員会指導主事。現和歌山信愛大学教授。日本国語教育学会理事。全国大学国語教育学会会員。きのくに国語の会顧問。東京書籍小学校国語教科書「新しい国語」，中学校国語教科書「新しい国語」編集委員。

単著に『小学校国語 「書くこと」の授業づくり　パーフェクトガイド』『中学校国語　文学の発問大全』『中学校国語の板書づくり　アイデアブック』『WHY でわかる　HOW でできる中学校国語授業アップデート』『中学校　国語の授業がもっとうまくなる50の技』（以上，明治図書），『中学校国語　思考モデル×観点で論理的に読む　文学教材の単元デザイン』『問題解決型国語学習を成功させる「見方・考え方」スイッチ発問』『小学校国語「見方・考え方」が働く授業デザイン』（以上，東洋館出版社）他多数。

小学校国語授業　思考ツール活用大全

2023年７月初版第１刷刊 ©著　者 小　林　康　宏

発行者 藤　原　光　政

発行所 明治図書出版株式会社

http://www.meijitosho.co.jp

（企画）矢口郁雄（校正）大内奈々子

〒114-0023　東京都北区滝野川7-46-1

振替00160-5-151318　電話03(5907)6701

ご注文窓口　電話03(5907)6668

＊検印省略　組版所 株 式 会 社 カ シ ヨ

Printed in Japan　ISBN978-4-18-357831-0